BuddhAll

All is Buddha.

BuddhAll.

BuddhAll

龍樹論師 造

菩提心釋密意

邵頌雄 譯
談錫永 疏

本論專說菩提心，
立論點即在於如何次第現證勝義菩提心
以及建立世俗菩提心。
於前者，即涉及觀修次第，
而不僅是對勝義作理論或概念的增上。

Bodhicittavivaraṇa

目　錄

總序

一 說密意

本叢書的目的在於表達一些佛家經論的密意。甚麼是密意？即是「意在言外」之意。一切經論都要用言說和文字來表達，這些言說和文字只是表達的工具，並不能如實表出佛陀說經、菩薩造論的真實意，讀者若僅依言說和文字來理解經論，所得的便只是一己的理解，必須在言說與文字之外，知其真實，才能通達經論。

《入楞伽經》有偈頌言 ——

> 由於其中有分別　　名身句身與文身
> 凡愚於此成計着　　猶如大象溺深泥[1]

這即是說若依名身、句身、文身來理解經論，便落於虛妄分別，由是失去經論的密意、失去佛與菩薩的真實說。所以在《大涅槃經》中，佛說「四依」（依法不依人、依義不依語、依智不依識、依了義不依不了義），都是依真實而不依虛妄分別，其中的「依義不依語」，正說明讀經論須依密意而非依言說文字作理解。佛將這一點看得很嚴重，在經中更有頌言 ——

1　依拙譯《入楞伽經梵本新譯》，第二品，頌172。台北：全佛文化，2005。下引同。

彼隨語言作分別　　即於法性作增益

以其有所增益故　　其人當墮入地獄²

這個頌便是告誡學佛的人不應依言說而誹謗密意，所以
在經中便有如下一段經文——

> 世尊告言：大慧，三世如來應正等覺有兩種教法義
> （dharma-naya），是為言說教法（deśanā-naya）、自
> 證建立教法（siddhānta-pratyavasthāna-naya）。
>
> 云何為言說教法之方便？大慧，隨順有情心及信
> 解，為積集種種資糧而教導經典。云何為觀修者離
> 心所見分別之自證教法？此為自證殊勝趣境，不墮
> 一異、俱有、俱非；離心意意識；不落理量、不落
> 言詮；此非墮入有無二邊之外道二乘由識觀可得嚐
> 其法味。如是我說為自證。³

由此可知佛的密意，即是由佛內自證所建立的教法，只
不過用言說來表達而已。如來藏即是同樣的建立，如來法身不
可思議、不可見聞，由是用分別心所能認知的，便只是如來法
身上隨緣自顯現的識境。所以，如來法身等同自證建立教法，
顯現出來的識境等同言說教法，能認知經論的密意，即如認知
如來法身，若唯落於言說，那便是用「識觀」來作分別，那便
是對法性作增益，增益一些識境的名言句義於法性上，那便是
對佛密意的誹謗、對法性的損害。

這樣，我們便知道理解佛家經論密意的重要，若依文解
字，便是將識境的虛妄分別，加於無分別的佛內自證智境上，

2　同上，第三品，頌 34。

3　同上，第三品，頁 151。

將智境增益名言句義而成分別，所以佛才會將依言說作分別看得這麼嚴重。

二　智識雙運

由上所說，我們讀經論的態度便是不落名言而知其密意，在這裡強調的是不落名言，而不是摒除名言，因為若將所有名言都去除，那便等於不讀經論。根據言說而不落言說，由是悟入經論的密意，那便是如來藏的智識雙運，亦即是文殊師利菩薩所傳的不二法門。

我們簡單一點來說智識雙運。

佛內自證智境界，名為如來法身。這裡雖說為「身」，其實只是一個境界，並非有如識境將身看成是個體。這個境界，是佛內自證的智境，所以用識境的概念根本無法認知，因此才不可見、不可聞，在《金剛經》中有偈頌說 ——

若以色見我　以音聲求我
是人行邪道　不能見如來

色與音聲都是識境中的顯現，若以此求見如來的法身、求見如來的佛內智境，那便是將如來的智境增益名言，是故稱為邪道。

如來法身不可見，因為遍離識境。所以說如來法身唯藉依於法身的識境而成顯現，這即是依於智識雙運而成顯現。經論的密意有如如來法身，不成顯現，唯藉依於密意的言說而成顯現，這亦是依於智識雙運而成顯現。如果唯落於言說，那便有如「以色見我，以音聲求我」，當然不能見到智境，不能見

到經論的密意。不遣除言說而見密意，那便是由智識雙運而見，這在《金剛經》中亦有一頌言（義淨譯）——

> 應觀佛法性　即導師法身
> 法性非所識　故彼不能了

是即不離法性以見如來法身（導師法身），若唯落識境（言說），即便不能了知法性。所謂不離法性而見，便即是由智識雙運的境界而見，這亦即是不二法門的密意，雜染的法與清淨的法性不二，是即於智識雙運的境界中法與法性不二。

然而，智識雙運的境界，亦即是如來藏的境界，筆者常將此境界比喻為螢光屏及屏上的影像，螢光屏比喻為如來法身，即是智境；法身上有識境隨緣自顯現，可比喻為螢光屏上的影像，即是識境。我們看螢光屏上的影像時，若知有螢光屏的存在，那便知道識境不離智境而成顯現（影像不離螢光屏而成顯現），因此無須離開影像來見螢光屏（無須離開言說來見密意），只須知道螢光屏唯藉影像而成顯現（密意唯藉言說而成顯現），那便可以認識螢光屏（認識經論的密意）。這便即是「應觀佛法性，即導師法身」，也即是「四依」中的「依義不依語」、「依智不依識」、「依了義不依不了義」。

簡單一點來說，這便即是「言說與密意雙運」，因此若不識如來藏，不知智識雙運，那便不知經論的密意。

三　略說如來藏

欲知佛的密意須識如來藏，佛的密意其實亦說為如來藏。支那內學院的學者呂澂先生，在〈入楞伽經講記〉中說——

此經待問而說，開演自證心地法門，即就眾生與佛
共同心地為言也。

自證者，謂此心地乃佛親切契合而後說，非臆測推
想之言。所以說此法門者，乃佛立教之本源，眾生
入道之依處。[4]

由此可見他實知《入楞伽經》的密意。其後更說——

四門所入，歸於一趣，即如來藏。佛學而與佛無
關，何貴此學，故四門所趣必至於如來藏，此義極
為重要。[5]

所謂「四門」，即《入楞伽經》所說的「八識」、「五
法」、「三自性」及「二無我」，呂澂認為這四門必須歸趣入
如來藏，否則即非佛學，因此他說——

如來藏義，非楞伽獨倡，自佛說法以來，無處不
說，無經不載，但以異門立說，所謂空、無生、無
二、以及無自性相，如是等名，與如來藏義原無差
別。[6]

佛說法無處不說如來藏、無經不載如來藏，那便是一切
經的密意、依內自證智而說的密意；由種種法異門來說，如說
空、無生等，那便是言說教法，由是所說四門實以如來藏為密
意，四門只是言說。

呂澂如是說四門——

4　《呂澂佛學論著選集》卷二，頁1217，齊魯書社，1991。下引同。
5　同上，頁1261。
6　同上。

> 前之四法門亦皆說如來藏,何以言之?八識歸於無
> 生,五法極至無二,三性歸於無性,二空歸於空
> 性,是皆以異門說如來藏也。

這樣,四門實在已經包括一切經論,由是可知無論經論
由那一門來立說,都不脫離如來藏的範限。現在且一說如來藏
的大意。

認識如來藏,可以分成次第 ——

一、 將阿賴耶識定義為雜染的心性,將如來藏定義
為清淨的心性,這樣來理解便十分簡單,可以
說心受雜染即成阿賴耶識,心識清淨即成如來
藏心。

二、 深一層次來認識,便可以說心性本來光明清
淨,由於受客塵所染,由是成為虛妄分別心,
這本淨而受染的心性,便即是如來藏藏識。本
來清淨光明的心性,可以稱為如來藏智境,亦
可以稱為佛性。

三、 如來藏智境實在是一切諸佛內自證智境界,施
設名言為如來法身。如來法身不可見,唯藉識
境而成顯現。這樣,藉識境而成顯現的佛內自
證智境便名為如來藏。

關於第三個次第的認識,可以詳說 ——

如來法身唯藉識境而成顯現,這個說法,還有密意。一
切情器世間,實在不能脫離智境而顯現,因為他們都要依賴如
來法身的功能,這功能說為如來法身功德。所以正確地說,應

該說為：如來法身上有識境隨緣自顯現。當這樣說時，便已經有兩重密意：一、如來法身有如來法身功德；二、識境雖有如來法身功德令其得以顯現，可是還要「隨緣」，亦即是隨着因緣而成顯現，此顯現既為識境，所依處則為如來法身智境，兩種境界雙運，便可以稱為「智識雙運界」。

甚麼是「雙運」？這可以比喻為手，手有手背與手掌，二者不相同，可是卻不能異離，在名言上，即說二者為「不一不異」，他們的狀態便稱為雙運。

如來法身智境上有識境隨緣自顯現，智境與識境二者不相同，可是亦不能異離，沒有一個識境可以離如來法身功德而成立，所以，便不能離如來法身而成立，因此便說為二者雙運，這即是智識雙運。

如來法身到底有甚麼功能令識境成立呢？第一、是具足周遍一切界的生機，若無生機，沒有識境可以生起，這便稱為「現分」；第二、是令一切顯現能有差別，兩個人，絕不相同，兩株樹，亦可以令人分別出來。識境具有如是差別，便是如來法身的功能，稱為「明分」，所謂「明」，即是能令人了別，了了分明。

智境有這樣的功能，識亦有它自己的功能，那便是「隨緣」。「隨緣」的意思是依隨着緣起而成顯現。這裡所說的緣起，不是一般所說的「因緣和合」。今人說「因緣和合」，只是說一間房屋由磚瓦木石砌成；一隻茶杯由泥土瓷釉經工人燒製而成，如是等等。這裡說的是甚深緣起，名為「相礙緣起」，相礙便是條件與局限，一切事物成立，都要適應相礙，例如我們這個世間，呼吸的空氣，自然界的風雷雨電，如是等等都要適應。尤其是對時空的適應，我們是三度空間的生命，所以

我們必須成為立體，然後才能夠在這世間顯現。這重緣起，說
為甚深秘密，輕易不肯宣說，因為在古時候一般人很難瞭解，
不過對現代人來說，這緣起便不應該是甚麼秘密了。

這樣來認識如來藏，便同時認識了智識雙運界，二者可
以說為同義。於說智識雙運時，其實已經表達了文殊師利法門
的「不二」。

四　結語

上來已經簡略說明密意、智識雙運與如來藏，同時亦據
呂澂先生的觀點，說明「無經不載如來藏」，因此凡不是正面
說如來藏的經論，都有如來藏為密意。也即是說，經論可以用
法異門為言說來表達，但所表達的密意唯是如來藏（亦可以說
為唯是不二法門），因此我們在讀佛典時，便應該透過法異門
言說，來理解如來藏這個密意。

例如說空性，怎樣才是空性的究竟呢？如果認識如來
藏，就可以這樣理解：一切識境實在以如來法身為基，藉此基
上的功能而隨緣自顯現，顯現為「有」，是即說為「緣起」，
緣起的意思是依緣生起，所以成為有而不是成為空。那麼，為
甚麼又說「性空」呢？那是依如來法身基而說為空，因為釋迦
將如來法身說為空性，比喻為虛空，還特別聲明，如來法身只
能用虛空作為比喻，其餘比喻都是邪說，這樣一來，如來法身
基（名為「本始基」）便是空性基，因此在其上顯現的一切識
境，便只能是空性。此如以水為基的月影，只能是水性；以鏡
為基的鏡影，只能是鏡性。能這樣理解性空，即是依如來藏密
意而成究竟。

　　以此為例，即知凡說法異門實都歸趣如來藏，若不依如來藏來理解，便失去密意。因此，本叢書即依如來藏來解釋一些經論，令讀者知經論的密意。這樣來解釋經論，可以說是一個嘗試，因為這等於是用離言來解釋言說，實在並不容易。這嘗試未必成功，希望讀者能給予寶貴意見，以便改進。

談錫永

2011年5月19日七十七歲生日

前言

前言

邵頌雄

一、印度中觀宗所傳的龍樹學

印度大乘佛教，雖然沒曾像漢傳佛教般整理出各各論師的論典目錄，更沒有系統的大藏經編纂，但我們從印度中觀諸師著作中對龍樹論典的引用，則仍可窺見龍樹思想於印度中觀宗（Madhyamaka）的流播。

此如月稱論師（Candrakīrti）於《淨明句論》（*Prasannapadā*）等論著中，曾提及和引用的龍樹論典，便包括《中論》（*Mūlamadhyamakakārikā*）、《六十頌如理論》（*Yuktiṣaṣṭikā*）、《七十空性論》（*Śūnyatāsaptati*）、《廻諍論》（*Vigrahāvyavartanī*）、《廣破論》（*Vaidalyaprakaraṇa*）、《寶行王正論》（*Ratnāvalī*）、《經集論》（*Sūtrasamucchaya*）、《出世間讚》（*Lokātītastava*）、《無譬讚》（*Niraupamyastava*）等。其他中觀論師，如清辯（Bhāvaviveka）、觀誓（Avalokitavrata）、寂護（Śāntarakṣita）、獅子賢（Haribhadra）、蓮華戒（Kamalaśīla）、智作慧（Prajñākaramati）、阿底峽（Atiśa）、寶作寂（Ratnākaraśānti）等，所援引的龍樹論典還包括《無畏論》（*Akutobhayā*）、《法界讚》（*Dharmadhātustava*）、《菩提心釋》（*Bodhicittavivaraṇa*）、《大乘二十頌》（*Mahayanaviṃśikā*）、《親友書》（*Suhīllekha*）、《心金剛讚》（*Cittavajrastava*），以及合稱為《四讚歌》（*Catuḥstava*）的《勝義讚》（*Paramārthastava*）、《不思議

讚》（*Acintyastava*）、《無可喻讚》（*Niraupamyastava*）和
《出世間讚》（*Lokātītastava*）；此外，尚有被歸類為密乘典
籍的《五次第》（*Pañcakrama*）等。

　　此為印度中觀宗的傳統說法，對龍樹思想的定調，既包
括對外道及二乘人所執持見地的批判、緣起中道見的弘揚，且
亦涵蓋對唯識見的超越、觀修次第的闡述、行持上的指示，以
至對現證果位的讚頌等。如是，對於佛家修持的見、修、行、
果，以及顯乘與密乘的實修法門，皆有涉及。

　　近代西方學者即主要根據這些印度中觀師的論著和註
疏，再加上文獻學、文字學、哲學、歷史學種種工具，比較這
些論典的思想見地、行文風格，以及對大乘契經的引用等，總
結出可確信為龍樹的論著，例如 Christian Lindtner，便由是提
出《菩提心釋》無可置疑的為龍樹所造[1]。雖然有其他學者懷
疑論中對唯識（Vijñānavāda）、唯心（Cittamātra）等批判，似
乎應被視為瑜伽行派（Yogācāra）興起後的思想，故推測成論
時間該比龍樹為晚，然而 Lindtner 亦多番指出，龍樹的著作
中，不乏觀修次第的論述，而對唯識思想的批判，亦不只見於
《菩提心釋》——於龍樹的《大乘二十頌》及《寶行王正論》
中，也同樣可見[2]。Lindtner 還進一步推論，即使當時可能尚未
有《楞伽經》（*Laṅkāvatārasūtra*）的結集，但龍樹的論著卻
在在顯示他對《楞伽》部份偈頌的熟知。[3]

1　見Chr. Lindtner, *Master of Wisdom* (Berkeley: Dharma Publishing, 1997)，頁xx
　　及248-9。

2　《大乘二十頌》直接用上cittamātra一詞，而《寶行王正論》所採的，則為
　　近義的 cittamohanamātra，而兩詞都見於梵本《楞伽》。

3　見 Chr. Lindtner, *Master of Wisdom*, 頁357, n.102；*A Garland of Light:
　　Kambala's Ālokamālā*, 頁115-122。

　　約七世紀時的中觀師，如蓮華戒、寂護、寶作寂等，皆提出《楞伽》的《偈頌品》中第256至258三頌，已總攝大乘觀修的精髓。此三頌如下：

行者得入唯心時　　即停分別外世間
由是得安住真如　　從而超越於唯心

由於得超越唯心　　彼亦超越無相境
若安住於無相境　　是則不能見大乘

無功用境為寂靜　　由本誓故究竟淨
此最殊勝無我智　　以無相故無所見[4]

　　此三頌述說的，即是行者由離外境分別而住入唯心，復由離唯心住入真如，最後由無功用智而究竟無所得的修持次第，相當於瑜伽行派論典《辨法法性論》（*Dharmadharmatāvibhaṅga*）所說之「離相四加行」，當中涵蓋加行道、見道、修道以迄無學道的修學，故說為大乘佛法的精要。雖然近代學者一般認為《偈頌品》的結集較晚，論據為最早的宋譯四卷《楞伽》便不見附有《偈頌品》，但亦有學者相信當中的部份偈頌，於龍樹之時已以口傳形式廣為流通。Lindtner甚至認為，《菩提心釋》中第25至27頌，即與此三頌同一意趣：

4　譯文依談錫永《入楞伽經梵本新譯》（台北：全佛文化，2005）：頁260。梵文：
cittamātraṃ samāruhya bāhyam arthaṃ na kalpayet / tathatālambane sthitvā cittamātram atikramet //
cittamātram atikramya nirābhāsam atikramet / nirābhāse sthito yogī mahāyānaṃ sa paśyati //
anābhōgagatiḥ śāntā praṇidhānair viśodhitā / jñānaṃ nirātmakaṃ śreṣṭhaṃ nirābhāsena paśyati //

> 為除落於我執故　　乃有蘊界等教法
> 以能住於唯心故　　具大福者亦捨彼
>
> 關乎心識之教言　　種種皆由心成立
> 云何心識之自相　　即於此中作解說
>
> 所謂一切皆唯心　　為除愚夫之怖畏
> 能仁乃作此教法　　離畏而非說真實

　　事實上，Lindtner 還推論，龍樹論典中，除用上唯心（cittamātra）、唯識（vijñāptimātra）等一般以為成立較晚的名言外，還提出超越無相（nirābhāsa）的重要，在在與上引《偈頌品》三頌的思想一致。

　　Lindtner 總括龍樹思想的精要，在於引導行者證得離分別（nirvikalpa）的真實（tattva），以住於寂滅等引（nirodhasamāpatti）或離分別等持（nirodhasamādhi），由是遠離由無明而引起惑、業、苦之分別見（vikalpa）。凡夫心識受無明所縛，乃唯依名言（nāmamātra）、唯依句義（kalpanāmātra）、唯依心識（cittamohamātra）而取着諸法，是故必須依觀修（bhāvanā）始能令心見無相（animitta）及諸法體性空（vastuśūnyā），無着（sarvopalambhopaśama）而正見緣起（pratītyopādadarśana），由是現證無二智（advayajñāna）。[5]此於《中論》即說為戲論（prapañca）寂滅（upasama）而證得無分別之真實。[6]然而，如是現證必依觀修始能成辦，而Lindtner 特筆指出的，即謂龍樹的觀修次第，正是《楞伽》頌256至258的內容，也就是《菩提心釋》頌25及27之所說。

5　Chr. Lindtner, *A Garland of Light: Kambala's Ālokamālā*, 頁123。

6　《中論》第二十五品，頌24。

此觀點值得我們深思，尤其漢土對龍樹學的認知，多從因明、哲理方面入手，對於實修的內容也就容易忽略。本論專說菩提心，立論點即在於如何次第現證勝義菩提心（paramārtha bodhicitta），以及建立世俗菩提心（saṃvītya bodhicitta）。於前者，即涉及觀修次第，而不僅是對勝義作理論或概念的增上，否則仍落為分別見。

再者，本論的主題既為闡釋菩提心的體性及次第修習，是故對於相關之唯心、唯識等義理的抉擇，亦屬理所當然。持此觀點以讀本論，即不落於近代佛學研究的一些理論窠臼，如謂龍樹時代不可能論及唯心等偏頗說法。

二、漢土所傳的龍樹學

漢土對龍樹思想的認識，主要依據歷代譯師的漢譯本。然而，題為龍樹造論的漢譯論典，只有二十餘種，其中也不乏托名之作，如天息災譯的四卷《菩提行經》（Bodhicaryāvatāra），便廣為人知乃寂天菩薩（Śāntideva）的作品，梵本仍存。其餘如真諦譯的《十八空論》，吉迦夜譯的《方便心論》、《釋摩訶衍論》等，皆已確定不是龍樹的著作。

最早把龍樹論著迻譯為漢文的，是姚秦時期的鳩摩羅什，譯出《中論》、《十二門論》、《十住毗婆娑論》及《大智度論》。此後，後魏時代，則有瞿曇般若留支譯出《壹輸盧迦論》，以及毗目智仙與瞿曇流支合譯的《迴諍論》。隋朝時達摩笈多譯了《菩提資糧論》，而陳朝真諦亦譯出《寶行王正論》。唐代時譯出的，有義淨譯的《龍樹菩薩勸誡王頌》。至

宋代，譯本更多，包括施護所譯的《讚法界頌》、《六十頌如理論》、《大乘破有論》、《大乘二十頌論》、《菩提心離相論》、《廣大發願頌》六種，另有法護與惟淨合譯的《大乘寶要義論》、日稱譯的《福蓋正行所集經》、求那跋摩譯的《龍樹菩薩為禪陀迦王說法要偈》，及僧伽跋摩譯的《勸發諸王要偈》。此外，尚有失譯的《因緣心論頌因緣心論釋》，如是共計二十種。然而，此中《龍樹菩薩勸誡王頌》、《勸發諸王要偈》及《龍樹菩薩為禪陀迦王說法要偈》，皆為《親友書》的同論異譯，故傳入漢土的龍樹論著，實際僅有十八種，重要者如《七十空性論》，亦至民初時才有法尊法師的繙譯。

　　由於資料上的局限，漢土對龍樹思想的認知，也不免困囿於漢譯佛典的質與量。例如鳩摩羅什歿後，加上弟子中「解空第一」的僧肇早逝，連帶什公重視的般若中觀與龍樹學亦遭忽略，其餘弟子如僧叡、道生等所着重的，反而是《法華》（*Saddharmapuṇḍarīkasūtra*）、《涅槃》（*Mahāparinirvāṇasūtra*）之學。直至百多年後，中觀思想才由僧朗、吉藏等大師重新弘揚，所據的主要是什公所譯的龍樹《中論》和《十二門論》，以及提婆（Āryadeva）的《百論》，後世即稱此傳統為三論宗。然而三論宗的思想，一方面受限於只得三部的中觀論著，另一方面則糅合了《維摩》（*Vimalakīrtinirdeśa*）、《華嚴》（*Avataṃsakasūtra*）、《涅槃》、《法華》等大乘契經的法義，可說是對中觀學說推陳出新，然而對龍樹思想的認識而言，則無可避免地與印度中觀宗所傳，差距甚大。又例如天台宗智顗大師主張「即空即假即中」的三諦圓融，亦是奠基於鳩摩羅什的《中論》譯本而有所發明。

　　三論宗及天台宗等對龍樹思想的推演，皆各有偏重，然

都着重對中道及空性的抉擇，忽略龍樹對觀修及行持的指導。話雖如此，若考慮及古代論師能就極為有限的論典而可綻放出如斯精采的哲學體系，委實難能。近世漢土的中觀研究，卻多困滯於只以「緣起性空」四字來概括其博大而層次井然的教法，以為龍樹的中道思想，不外是「由於緣起，是故性空」。若依此理解而讀《菩提心釋》，並認為與《中論》、《大智度論》的觀點、用語及行文不同而否定其為龍樹論著，實如坐井觀天而妄下判斷，而置印度中觀宗的傳規於不顧。

三、西藏所傳的龍樹學

　　至於西藏佛教所傳的龍樹論典，計有一百八十部之多。《布頓佛教史》（*Bu ston chos 'byung*）把龍樹的論著作出如下的歸類：

　　顯乘方面：一）開示內明的論著，包括《中論》、《七十空性論》、《六十頌如理論》、《廻諍論》等；二）開示教義門的論著，如《經集論》（*mDo kun las btus pa*）；三）開示理量的論著，如《大乘修心論》；四）驚醒聲聞種姓的論著，如《夢說如意摩尼寶》（*rMi lam yid bzhin nor bu'i gtam*）；五）開示在家學人如何行持的論著，如《親友書》；六）開示出家眾如何行持的論著，如《菩提海會》。

　　密乘方面：一）有關見行攝要的論著，如《密續集論》；二）有關密乘抉擇見的論著，如《菩提心釋》；三）有關生起次第的論著，如《成就法略集》（*sGrub thabs mdor byas*）、《大瑜伽密續吉祥秘密會生起次第修習法合集》（*rNal 'byor chen po'i rgyud dpal gsang ba 'dus pa'i skyed pa'i rim pa bsgom pa'i*

thabs mdo dang bsres pa）等；四）有關圓滿次第的論著，如
《五次第》（*Rim pa lnga pa*）。

　　另外，尚有有關醫方明的論著，如《治療法百種》
（*sByor ba brgya pa*）；修身立世的論著，如《士夫養護心滴》
（*Lugs kyi bstan bcos skye bo gso ba'i thigs pa*）、《智慧教誡百
頌》（*Shes rab brgya pa shes bya ba'i rab tu byed pa*）、《寶王行
正論》（*rGyal po la gtam bya ba rin po che'i phreng ba*）；點金術
論著，如《香瑜伽寶鬘》（*sPos kyi sbyor ba re'u char byas ba*）、
《緣起輪》（*rTen cin 'brel par 'byung ba'i 'khor lo*）[7]等。此外，
亦有多部釋論，如《稻芊頌》（*Sā lu ljang pa'i tshig le'ur byas
pa*）等。

　　布頓（Bu ston rin chen grub）以後，亦有西藏論師把龍樹
的顯乘論著另作歸納，分為「理聚集」（*rigs tshogs*）、「教
言集」（*gtam tshogs*）及「讚頌集」（*bstod tshogs*）三部。屬
「理聚集」的，包括《中論》、《六十頌如理論》、《七十空
性論》、《迴諍論》、《廣破論》等；屬「教言集」的，包括
《智慧教誡百頌》、《寶行王正論》、《親友書》、《士夫養
護心滴》等；至於「讚頌集」中，則有《法界讚》（*Chos
dbyings bstod pa*）、《無可喻讚》（*dPe med par bstod pa*）、
《出世間讚》（*'Jig rten las 'das pa'i bstod pa*）、《心金剛讚》
（*Sems kyi rdo rje'i bstod pa*）、《勝義讚》（*Don dam par bstod
pa*）、《三身讚》（*sKu gsum la bstod pa*）、《有情了悅讚》
（*Sems can la mgu bar bya ba'i bstod pa*）、《般若波羅蜜多讚》

7　參Koichi Furusaka（古坂紘一），"On *Pratītyasamutpāda-nāma-cakra*"
（「緣起の輪」について），in *Journal of Indian and Buddhist Studies
(Indogaku Bukkyogaku Kenkyu)*, vol. 25 (1976-77), no. 2: 762-765。

（*Shes rab kyi pha rol tu phyin pa'i bstod pa*）、《不思議讚》
（*bSam gyis mi khyab bar bstod pa*）、《超讚歎讚》（*bsTod pa
las 'das par bstod pa*）、《無上讚》（*Bla na med pa'i bstod pa*）、
《聖文殊師利尊勝讚》（*'Phags pa rje btsun 'jam dpal gyi don
dam pa'i bstod pa*）、《聖文殊師利大悲讚》（*rJe btsun 'phags
pa 'jam dpal gyi snying rje la bstod pa*）、《十二所作理趣讚》
（*mDzad pa bcu gnyis kyi tshul la bstod pa*）、《禮拜讚》（*Phyag
'tshal ba'i bstod pa*）、《出地獄讚》（*dMyal ba nas 'don pa'i
bstod pa*）等。

比較而言，西藏所傳的龍樹思想，不但比漢土所傳更為
接近印度中觀學派的傳規，也更為完整。當中把顯乘論著作
「理聚集」、「教言集」及「讚頌集」的三分法，亦即般若中
道的基、道、果。雖然當中不少有關密乘觀修及點金的論著，
都令近代學者質疑其為龍樹所造的真確性，甚或提出歷史上另
有一名為龍樹的密乘論師。然而，值得留意的是，龍樹造有密
乘傳規的論著，不是藏傳佛教的一家之言，而是源自印度中觀
宗的說法。甚至《菩提心釋》的開首，亦見有「**菩薩行密咒道
生起世俗願菩提心**」之語。對於何謂「密咒道」或「密乘」，
其修習的機理，所依之大乘法義，以至發展的源流等，其實都
亟須我們重新審視及研究。

無可否認的是，藏傳大藏經中，保留了眾多梵本已佚、
漢譯也缺的重要龍樹著作，如《菩提心釋》、《七十空性論》
等即是。現存唯一一部由印度論師註解的《菩提心釋疏》，於
十世紀時由念智稱（Smṛtijñānakīrti, 892-975）所造，亦保留於
藏傳大藏經。本書對《菩提心釋》的闡釋，不少觀點即是依念
智稱的釋疏而來。

四、《菩提心釋》譯本

《菩提心釋》於漢藏兩地，皆傳為龍樹菩薩所造。此論部份論頌為清辨、無性及寂護所引用，故讀此等論師現存的梵本論著，即可見《菩》論的其中十一頌梵文（當中兩頌僅引半句）。[8]

至於藏譯本有二，為同本異譯，而且譯文相近，皆題為《菩提心釋》（*Byang chub sems kyi 'grel pa*）。兩種譯本：

一者由寂法友（Rab zhi chos kyi bshes gnyen）、法慧（Gu rug Chos kyi shes rab）、釋迦光（Seng dkar Śākya 'od）、般若稱（Shes rab grags）、法自在（Mar pa Chos kyi dbang phyug）、日稱（Pa tshab Nyi ma grags）、般若相應（Mang nad Grags 'byor shes rab）合譯（收《北京版西藏大藏經》no. 5470、《德格版西藏大藏經》no. 4556）。

另一則說為功德作（Guṇākara）及寂法友合譯，金鎧（Kanakavarman）及日稱（Nyi ma grags）校訂（收《北京版西藏大藏經》no. 2665、《德格版西藏大藏經》no. 1800）。

除此以外，尚有一篇由念智稱所造的釋論，題為《菩提心釋疏》（*Byang chub sems kyi 'grel pa'i rnam par bshad pa*）（收《北京版西藏大藏經》no. 2694、《德格版西藏大藏經》no. 1829），其中引有《菩提心釋》全頌。

本漢譯所依，為 Chr. Lindtner 依據上來三種藏譯本所作的校勘本。[9]

8　其整理本，見 Chr. Lindtner, *Master of Wisdom: Writings of the Buddhist Master Nagarjuna* (Berkeley: Dharma Publishing, 1997)：頁172-173。

9　見 Lindtner 上揭書，頁32-71。

此論於漢土一直未受重視。然而，施護譯師（?-1017）卻早已將之譯出，經題為《菩提心離相論》（收大正藏第32冊，no. 1661）。——漢傳大藏經中，另有施護譯出的《廣釋菩提心論》（no. 1664），與本論無關，所譯實為蓮花戒三部《修習次第》（*Bhāvanākrama*）的第一部；另外，尚有法天譯出的《菩提心觀釋》（no. 1663），內容與本論有相近之處，卻不是本論異譯，而是譯自蓮花戒所造論。

除施護的舊譯外，互聯網上亦見有近人譯本三種：一份為見悲青增格西所譯，題為《菩提心釋論》；另外兩份都是為配合十四世達賴喇嘛對華人的講授而譯，都題為《釋菩提心論》，其一的譯者為釋法音，而另一則見於達賴喇嘛的官方國際華文網站，譯者佚名[10]。

至於英譯，則有 Chr. Lindtner 及 Geshe Thupten Jinpa 兩種。前者於1987年出版[11]，後者亦為達賴喇嘛的講學而譯，於2006年譯出，翌年復作修訂[12]。

五、譯本比較

依現存的幾句梵本論頌來看，《菩提心釋》的原頌，以兩句為一頌，而藏譯則將之譯作四句一頌，每句七個音節——

10　http://www.dalailamaworld.com/classied.php?f=13&sid=30ddd159275ba186c92438ece5ff6c4b

11　收入*Nagarjuniana: Studies in the Writings and Philosophy of Nāgārjuna* (Delhi: Motilal Banarsidass, 1987)，其後由 Dharma Publishing 再版，即上揭 *Master of Wisdom* 一書。

12　http://bodhimarga.org/docs/Bodhicittavivarana_English.pdf

本漢譯即同樣以七言四句的體裁將藏譯本譯出。三種藏譯，以
功德作及寂法友合譯的版本最為可靠，與梵本剩下的十一句頌
相校，極為忠實。

　　Lindtner 依其校勘三種藏譯所作的英譯本，大概是想模仿
梵本的原形，都以兩句為一頌。然而，其譯筆卻採取不少意
譯，間亦有錯解之處，明顯者如頌21，藏譯原作：

> don mtshungs pa yis don byed pa / rmi lam gnod pa bzhin
> min nam / rmi lam sad pa'i gnas skabs la / don byed pa la
> khyad par med //

筆者譯此句如下：

> 若謂作用為等同　　豈非夢中受損害
> 至於夢醒位之時　　作用依然無差別

　　其他如施護、見悲青增格西、釋法音等漢譯本，頌義亦
分別不大。然 Lindtner 的意譯，則作：

> Things are efficacys due to being *like* objects. Is it not like
> an offense while dream [i.e., nocturnal emission]? Once
> awakened from the dream the net result is the same.[13]

　　此中，Lindtner 把偈頌中提到的「損害」，解作「大天五
事」中的餘所誘，亦即證果行人之夢遺（nocturnal emission），
實在不必，亦有所不宜。

　　至於 Jinpa 的英譯，讀時不難察覺其乃以 Lindtner 譯本為
基礎，將之改為四句一頌，並依藏譯重新釐訂，改正了不少地
方。就頌21而言，Jinpa 譯即將之糾正為：

13　Chr. Lindtner, *Master of Wisdom*, 頁41。

"It's the sameness of the object that functions," [if asserted],

Is this not like being harmed in a dream?

Between the dream and wakefull state there is no difference

Insofar as the functioning of things is concerned.

是故兩種英譯之中，Jinpa 本較為可取。

漢譯方面，施護的繙譯卻給人面目全非的感覺。不但論題改為《菩提心離相論》，原來的頌體，也改以長行譯出，當中更不乏原論所無的衍詞添句。這或許就是施護譯本一直少人知道是譯自《菩提心論》的原因 —— 西方學術界專研中觀的先驅學者，如 Ramanan 及 Robinson，甚至以為施護譯《菩提心離相論》的原論，梵本原題應為 *Lakṣaṇavimuktabodhihṛdayaśāstra* 或 *Bodhicittanimittarahita*。[14]

漢土佛典的繙譯，始自漢代桓、靈二帝，至後秦仍方興未艾，而大成於唐代。然而，唐憲宗期間（811），佛典繙譯忽然中斷，至宋太宗時（982）才告復興。施護與法天（?-1001）、天息災（?-1000）三人，即主持譯場復興的三藏法師。當時重開譯場，規模甚大，譯壇上亦分別設有譯主、證梵義、證梵文、筆受、綴文、證義、參祥、潤文、監譯等各職；譯事開展之前，更佈莊嚴密壇，修法祈禱。如此規模，譯文卻粗糙不堪，不但《菩提心論》如此，施護繙譯其餘共一百一十四篇經論，包括《入無分別總持》（*Avikalpapraveśa-dhāraṇī*）、龍樹的《法界讚》（*Dharmadhātustava*）等，都滿篇錯漏。本

---

14 見K.V. *Ramanan, Nāgārjuna's Philosophy as presented in the Mahāprajñāpāramitāśāstra* (Tokyo, 1966)：35; R.H. Robinson, *Early Mādhyamika in India and China* (Madison, 1967)：27。

譯附錄，將施護譯依據原論編為一百一十二段，以供讀者比較。

　　至於三篇近人所譯的《菩提心論》，法音及見悲青增格西所譯，都較施護譯雅達。然而，失譯的一篇，卻充斥着許多根本謬誤及無意義的衍詞。例如頌32開首，失譯本作「能見非所見，所見非能見」，言辭虛廢，藏譯原為 de ji ltar de ltar snang min ji ltar snang de de ltar min，可譯為「彼非如其所顯現，而其顯現亦非彼」，意思就是外境非如其所顯而成為有；又如頌36，失譯本作「無身而有識，非有謂遍知」，讀來令人以為應遍知「無身而有識」為非有，然藏譯為 lus med na ni rnam par shes yod pa min zhes yongs rtog na，意為應遍知「無有身即便無有識」的相依關係。可是，網站上的達賴喇嘛註釋，卻竟然於此等失誤處照解如儀。甚至頌42提及「以至男女黃門等」（skyes pa bud med ma ning sogs），失譯本作「男女陰陽等」，本來亦無可厚非，因為所謂「黃門」（ma ning），佛典亦多有譯作「陰陽人」，但此處的註釋卻譯為「……男及女，陰與陽等，這些現象，都是相依而安立的名言…」，便明顯是筆錄者對偈頌中的「陰陽」望文生義，不可能是達賴的原意。但眾多《菩提心論》的漢譯，偏偏以此附有達賴喇嘛註釋的譯本流通最廣。讀者即使不通藏語，亦宜多取不同譯本比對頌義。

六、釋疏

　　藏傳佛教對本論甚為重視。本論藏譯譯師之一日稱（Nyi ma grags），有弟子菩提精進（rMa bya pa Byang chub brtson 'grus，亦名精進獅子 brTson 'grus seng ge），曾把龍樹的論著分作「波羅蜜多乘」（Pha rol tu phyin pa'i theg pa）與「金剛

乘」（rDo rje'i theg pa）兩大類，而眾多論著中，彰顯此二乘
唯一義（gnyis don gcig tu ston pa）的，只有《菩提心論釋》。
其後的布頓（Bu ston，1290-1364），則將本論意趣歸類為顯
示密乘（sngags kyi phyogs）的抉擇見。

對於本論與金剛乘或密乘的關聯，或有人以為只見於本
論開首向金剛薩埵（Vajrasattva）所作的頂禮，且謂「**菩薩行
密咒道生起世俗願菩提心**」，而其後於第一偈頌復對金剛持
（Vajradhāra）頂禮。此看法僅就文字來作考量，未及論義。
事實上，本論對菩提心的次第抉擇，正是密乘修習的重要階
梯，而印度論師念智稱、藏土噶舉派（bKa' brgyud）的法稱智
（Zhwa dmar pa Chos grags ye shes, 1453-1524）、薩迦派的絨師
所知普明（Rong ston shes bya kun rig）及釋迦具勝（Shākya
mchog ldan）、噶當派（bKa' gdams）的虛空名稱（Nam mkha'
grags）都為本論寫下註疏，疏本見於下列，於此即可見本論
實與無上瑜伽密乘關係不但密切，甚且可將本論視為與道及果
有關聯的基續。其中，念智稱為甯瑪派（rNying ma）學人公
認為近代法王敦珠無畏智金剛（'Jigs bral ye shes rdo rje, 1904-
1987）前生的第七世應化身（無畏智金剛則為第十八世），而
且其釋疏亦為《菩提心釋》僅存的印度釋論，是故亦為甯瑪派
所重。疏本名列如下：

一）Smṛtijñānakīrti, *Byang chub sems 'grel gyi rnam pa bshad
pa*, P2694；

二）Zhwa dmar pa Chos grags ye shes, *Byang chub sems 'grel
gyi rnam par bshad pa tshig don gsal ba zhes bya ba bzhugs
so*，收*Yid bzhin gyi za ma tog*， vol. 1 （Dharamsala: 'Gro
mgon gtsug lag dpe skrun khang, 2001）；

三）Rong ston shes bya kun rig, *Byang chub sems kyi 'grel bshad nyi ma'i 'od zer*，收*Kun mkhyen rong ston chen po'i bka' 'bum*，sKye dgu mdo: Gangs ljongs rig rgyan gsung rab par khang, 2004，Vol.1, pp.565-607；

四）Shākya mchog ldan, *Don dam byang chub sems 'grel gyi bshad pa dbu ma'i snying po bsdus pa*，收 Gsung 'bum / Shakya mchog ldan（New Delhi: Nagwang Topgyel, 1995）；

五）Nam mkha' grags, *Byang chub sems 'grel gyi bsdus don*，收 bKa' gdams gsung 'bum phyogs bsgrigs thengs gnyis pa，成都：四川出版集團、四川民族出版社，2007，Vol.19, pp.199-204。

七、架構

本論開首，即引用《密集金剛續》（*Guhyasamājatantra*）第二章的偈頌：

> 一切實事皆遠離
> 諸蘊與界以及處
> 執為外境內識者
> 悉法無我平等性
> 自心從於無始時
> 即此空性之自相

傳統的解釋，謂此六句頌中，第一句遮撥外道的實事執，第二、三兩句分別遮撥有部（Vaibhāṣika）和經部（Sautrāntika）的見地，第四句超越唯識（Vijñānavāda）見，

第五、六兩句則顯中觀（Madhyamaka）見。[15]

此說法，具有濃厚宗義學（grub mtha'）的次第判別。若僅就緣起觀而言，我們亦不妨理解第一句頌，乃依業因緣起（即外緣起）抉擇外道的實執；第二、三句頌，則依相依緣起（即內緣起）抉擇外境與內識；第四句依相對緣起（即密緣起）通過對空性的抉擇來進一步超越相依緣起的唯識見；第五、六句，則是從相礙緣起（即密密緣起）抉擇實相。

不論何種說法，本論的開展，其實就是依據這樣的一個脈絡：

《菩提心釋》頌1至9，配合六句頌中的第一句；頌10至25，配合六句頌中的第二、三句；頌26至45，配合六句頌中的第四句；頌46至72，配合六句頌中的第五、六句。

本論的主題既是「菩提心」，而菩提心具智與悲兩份，是故本論的結構，便依以上的脈絡，由頌1至72次第抉擇實相，以深入「證智」的部份；至於頌73至104，則廣說「大悲」；其後的頌105至111，說菩提心的「智悲雙運」；最後第112句結頌，即為論主回向。如此先明證智、後說大悲，論主實有其深意，乃為配合大乘修學的次第而言。

傳統的菩提心觀修，一般都以普賢七支供養（頂禮、供養、懺悔、隨喜、請轉法輪、請佛住世、回向）為前行，始作願菩提心的修學，思維利益一切如母有情，作自他平等、自他

---

15 如法稱智的釋疏所言：tshigs su bcad pa rkang pa drug gi rkang pa dang pos mu stegs byed kyi lta ba ngan pa sun 'byin la / rkang pa gnyis pa dang gsum pas nang sde bye brag tu smra ba dang mdo sde pa'i lta ba 'gog cing / rkang pa bzhi pas sems tsam gyi lta ba spong bar mdzad nas / rkang pa lnga pa dang drug pas dbu ma'i lta ba bsgrub cing rnam par 'jog go //

交換及愛護他眾恆不捨離等三種止觀，然後繼之以行菩提心的
修學，包括布施、持戒、安忍、精進、禪定、般若等六度行。

如是等修習，建立起加行道上的智悲雙運。本論所述，即
依此為基礎，觀修無上勝義菩提心，是可視為地上菩薩之修
學。當中，復分次第現證菩提心的勝義一分，即對色空層層深
入的現證（智），再依此證量，生起世俗願菩提心（悲），由是
成就菩薩修道上無上勝義菩提心的智悲雙運。是故本論釋菩提
心，乃闡釋菩提心修習的究竟義。是即本論開首所言：「**菩薩
行密咒道生起世俗願菩提心，復依修習力生起勝義菩提心。**」
論主本論實為觀修行人而造論，所以先說次第證智，復由如幻
引入大悲便很實際，合乎大乘教法的精神。詳見本論的疏釋。

八、論義

本論說菩提心的證智，於不同次第皆貫串着觀修的要
點。例如對五蘊無我的觀察，便強調若依析法空來證成五蘊中
無我可尋，僅為聲聞乘的教法；然依大乘的觀修而言，則必需
直觀其為如夢幻泡影、如陽燄芭蕉，是即現觀諸法自顯現
（rang gi snang ba）的意趣，故說此「**是為諸菩薩而說**」（頌
11至13）。

復次，對於大乘教法的攝義，所強調者為「**法無我**」、
「**平等性**」，以及「**心性為無生**」（頌29）。以為大乘精神無
非是「緣起性空」、「唯識變現」者，更應細味本論之所說。
事實上，本論對空性的抉擇，不是現時漢土流行的觀點，謂從
分析諸法皆由緣起而得成立，是故為空。若瞭解本節上一段所
說，當知如是依析法而推論諸法中「無自性」（「我」），僅

為小乘觀修的層次，離大乘現證的空性甚遠。此中的抉擇，跟大乘的攝義一樣，着重體證無生，由是而覺諸法為空及無我，是故頌言：「空性所示為無生，以及空與無我義；如是即不應觀修，下愚所作之修習。」（頌49）

對空性的觀修，本論則着重由心離所緣境而住於虛空體性，是名為「虛空觀修」（頌51）。依此虛空觀而證之菩提心，其證覺之體性即為「無二」，無生而離言說（頌46）。此亦說為諸佛菩薩常住之菩提藏（頌47）。

如是而證得的「空性」，非由思擇推論而得，亦非唯依遮撥而說無有自性，而是現證其為諸法之「本性」（prakṛti），猶如甜味之於甘蔗、熱之於火（頌57）。然而這裏，實亦與以如來法身性為本性一致，如來性為智，不成顯現，於識境成顯現時，其性即成甜、熱等，這樣才是真正的不壞世俗，故頌言：「演說自性為空性，並非何種斷滅論。」（頌58）無上瑜伽密乘依着這樣的抉擇，才可以由世俗的本性自性，證入勝義的本性，而此「空性」之法異門，即為「真實」、「實際」、「無相」、「勝義」、「殊勝菩提心」等（頌71）。

如上所說，即知須特別注意的是，此「真實」並非離於世俗而作的觀修，若與世俗相離，則不成觀修者的所緣境（頌67）。是故論中乃抉擇「演說世俗為空性，空性亦唯是世俗」（頌68），二者不可離異而建立。法天譯的《菩提心觀釋》，有一段論文，可視為對本論此一法義的補注，今引述如下：

> 如是於法得離取捨，平等無我，如一切法無我亦然。如佛所說，菩提心亦然。一切法空無相無我，諸法寂靜無寂靜相，心本平等本來不生亦非不生。復云何性？答曰空性。空云何性？謂如虛空故。如

> 佛所說，虛空之性空無喻故，菩提之心亦復如是。
> 菩提之名，非性非相，無生無滅，非覺非無覺。若
> 如是了知，是名菩提心。又如佛說，告祕密主，於
> 自本心如實了知，於無有法亦不可得，是故名阿耨
> 多羅三藐三菩提。[16]

由於以勝義菩提心涵蓋一切法，非唯說勝義，非唯說無為，所以這無生真實空性的觀修，便復須抉擇為利益有情而作，視有情如過去世之父母親友等而竭力報恩，非為一己的解脫而觀修（頌73至74）。如是即有證智導向大悲，是如《菩提心觀釋》所言：「當於自心如實觀已，然後發起方便觀於眾生。」由是亦有涅槃而入輪廻，不限僅將兩者抉擇為無可分離，而於觀修及行持上，亦將二者建立為無二。故頌言：「由知一切法空性，而能依止業與果，此比稀有更稀有，此比稀奇更稀奇。」（頌88）由是通達空性，卻不昧因果；證無生虛空，亦不捨輪廻有情。具體形象，便如出於污泥而不染的水蓮花（頌89）。

由智悲無二為基礎，乃可作種種饒益有情之幻化示現（頌90至91），其所現證，說名為無住涅槃（頌102）。如是現證，始名為最殊勝之菩提心（頌105），是亦同《菩提心觀釋》之所說。

本論開首的偈頌，已開宗明義說明此所現證之最上菩提心，離諸分別所礙。以離分別為道，固為大乘佛法的修學重點，亦為如來藏教法的根本義理。是故，藏傳佛教中，甯瑪、噶舉、薩迦、覺囊等佛家宗派，皆以次第離分別為其修習法門

---

16 大正・三十二，no. 1663。

的階梯脈絡，其義理亦具見於《入無分別總持》、《楞伽》等諸經。是故，噶舉派中以撰寫《青史》而聞名的大德廓譯師（'Gos lo tsā ba gZhon nu dpal, 1392-1481）以及他的弟子法稱智（Zhwa dmar pa Chos grags ye shes, 1453-1524），皆推許本論為大手印（Mahāmudrā）教法的經論根據，並以論中所說之菩提心，實即如來藏思想無異。[17]近世漢土習慣依名言句義而私心揣測，於是對如來藏屢生惡解，或定之為真常、或認為與中觀空性見相違，凡此種種，皆由未知如來藏之教法義理與觀修之故。本論雖全篇未說「如來藏」此名相，卻為甯瑪、噶舉、薩迦等以如來藏之現證為究竟果的藏傳佛家宗派所重視，且有噶舉的法稱智尊者，許此論所說屬如來藏教法，是即有如覺囊派所許的「如來藏十經」中，亦包括一部通篇未說如來藏一字的《入無分別總持》，都是對如來藏教法「依義不依語」的闡釋。

九、結語

本論雖只有一百一十二句頌，但言簡意賅，涵攝大乘佛法於抉擇、觀修及行持上的精髓。其中，對心性的次第抉擇，尤為精采。瑜伽行派有關三自性、唯識無境等教法，非作遮撥，而視之為一個次第而已，仍須以更高見地以作超越，否則無可現證心的無生空性。難者或即質疑，此非龍樹著作，以龍樹時代不應有三自性之名相建立。然而，三自性非瑜伽行派的獨有教法，實早見於《二萬五千頌般若波羅蜜多》（*Pañcaviṃśatisāhasrikāprajñāpāramitāsūtra*）：

---

17 參Klaus-Dieter Mathes, "The Role of the Bodhicittavivarṇaṇa in the Mahāmudrā Tradition of the Dwags po bka' brgyud," *in Journal of the International Association of Tibetan Studies*, no. 5 (December 2009) : 1-31。

彌勒當知，遍計執色，是名無體。諸分別色中，當
知有體，以諸分別是有體故，非自在生。諸法性
色，當知非有體、非無體，是由勝義之所顯故。[18]

清辨論師、無性、寂護等中觀論師，都曾引用本論，皆
以之為龍樹所造論。[19]甚至月稱的《入中論》
（*Madhyamakāvatāra*），亦有與本論論義相近的偈頌，如云：

以無生為真實故　　根本智亦是無生
於智量中證真實　　恰如相中證世俗
如心對境起浮現　　如是了知彼客境

盡焚所知如乾薪　　佛法身證寂滅果
爾時不生亦不滅　　心滅已由身現證[20]

由此可見，姑無論本論是否如近代學者所說，為另一
「密乘龍樹」所造，其論義實貫徹中觀宗的見地，只是當中對
空性的理解，對輪涅兩邊的抉擇等，已漸為後世學人曲解或遺
忘。研讀本論，正好提醒我們，龍樹中觀宗的一些根本思想，
決非「緣起性空」四字可以概括，更不能以「緣起故空，空故
緣起」視為勝義與世俗二諦的相融。

此外，本論於觀修上，以離分別為依歸；於行持上，以
饒益有情為保任，都是修學大乘佛法的關要。學人敬希珍重。

18 依法尊法師譯宗喀巴《辨了不了義善說藏論》之所引（台北：大乘出版
社），頁260。梵文原作：*yan maitreya parikalpitaṃ rūpaṃ idam adravyaṃ
draṣṭavyam / yad vikalpitaṃ rūpaṃ idaṃ vikalpitaṃ rūpaṃ sadravyatāṃ
upādāya sadravyaṃ draṣṭavyaṃ na tu svatantra vṛttitaḥ / yat dhramatā rūpan tan
naivādravyaṃ na sadravyaṃ paramārtha prabhāvitaṃ draṣṭavyam //*

19 參 Chr. Lindtner, *Master of Wisdom*, p. 248。

20 依談錫永譯，見《甯瑪派四部宗義釋》（台北：全佛文化，2008），頁
126-127。

《菩提心釋》漢譯

Bodhicittavivaraṇa
Byang chub sems kyi 'grel pa //

/ dngos po thams cad dang bral ba /
/ phung po khams dang skye mched kyi /
/ gzung dang 'dzin pa rnam spangs pa /
/ chos bdag med pas mnyam nyid pas /
/ rang sems gdod nas ma skyes pa /
/ stong pa nyid kyi rang bzhin no /
/ zhes bya ba 'byung ngo //

sangs rgyas bcom ldan 'das rnams dang / byang chub sems dpa' chen po de rnams kyis ji ltar byang chub chen por thugs bskyed pa de bzhin du / bdag gis kyang sems can ma bsgral ba rnams bsgral ba dang / ma grol ba rnams grol ba dang / dbugs ma byung ba rnams dbugs dbyung ba dang / yongs su mya ngan las ma 'das pa rnams yongs su mya ngan las bzla ba'i phyir dus 'di nas bzung nas byang chub snying po la mchis kyi bar du byang chub chen por sems bskyed par bgyi'o /

/ byang chub sems dpa' gsang sngags kyi sgor spyad pa spyod pa rnams kyis de ltar kun rdzob kyi rnam pas byang chub kyi sems smon pa'i rang bzhin can bskyed nas / don dam pa'i byang chub kyi sems bsgom pa'i stobs kyis bskyed par bya ba yin pas de'i phyir de'i rang bzhin bshad par bya'o //

《菩提心釋》漢譯

龍樹論師　造

邵頌雄　譯

梵名：*Bodhicittavivaraṇa*
藏名：*Byang chub sems kyi 'grel pa*

頂禮殊勝金剛薩埵

經言——

> 一切實事皆遠離
> 諸蘊與界以及處
> 執為外境內識者
> 悉法無我平等性
> 自心從於無始時
> 即此空性之自相[1]

諸佛薄伽梵及大菩薩發大菩提心，我亦從今乃至證得菩提，為諸有情生起大菩提心，令未得救渡者得救渡、未解脫者得解脫、未休息者得休息、未涅槃者得涅槃。

菩薩行密咒道生起世俗願菩提心，復依修習力生起勝義菩提心。故我闡釋其體性〔如下〕：

1　此偈頌引自《秘密集會續》（*Guhyasamājatantra*），古漢譯本即《一切如來金剛三業最上秘密大教王經》。依此續梵本，此頌為：sarvabhāvavibataṃ skandhadhātuāyatanagrāhyagrāhakavarjitam / dharmanairātmyasamatayā svacittam ādyanutpannaṃ śūnyatabhāvam /

1 　 / byang chub sems kyi bdag nyid dngos /
　　 / dpal ldan rdo rje rnams btud de /
　　 / byang chub sems kyi bsgom pa ni /
　　 / srid pa 'jig de bdag gis bshad /

2 　 / sangs rgyas rnams kyi byang chub sems /
　　 / bdag dang phung sogs rnam rig gi /
　　 / rtog pa rnams kyis ma bsgribs pa /
　　 / rtag tu stong nyid mtshan nyid bzhed /

3 　 / snying rjes brlan pa'i sems kyis ni /
　　 / 'bad pas bsgom par bya ba yin /
　　 / thugs rje'i bdag nyid sangs rgyas kyis /
　　 / byang chub sems 'di rtag tu bsgoms /

4 　 / mu stegs can gyis gang brtags pa /
　　 / bdag de rigs pas rnam dpyad na /
　　 / phung rnams kun gyi nang rnams na /
　　 / gang zhig gnas kyang rnyed ma yin /

5 　 / phung rnams yod kyi de rtag min /
　　 / de yang bdag gi ngo bo min /
　　 / gang yang rtag dang mi rtag gnyis /
　　 / rten dang brten pa'i dngos po med /

頂禮殊勝金剛持　攝菩提心體性義
我今開示菩提心　能滅諸有之串習　（1）

諸佛所具菩提心　諸分別見都無覆
如我及蘊實事執　故說性相為空性　（2）

既受悲心所滋潤　自當精進修此心
具大悲者諸佛陀　恆常緣此菩提心　（3）

外道計度之梵我　謂其住諸蘊聚內
若依正理作觀察　則其住處不可尋　（4）

諸蘊雖有但非常　抑且無有我體性
於彼恆常及無常　能依所依非實事　（5）

6   / bdag ces bya ste yod min na /

      / byed po zhes bya ga la rtag /

      / chos can yod na chos rnams la /

      / 'jig rten na ni spyod pa 'jug /

7   / gang phyir rtag pas don byed pa /

      / rim dang cig car gyis min pa /

      / de phyir phyi rol nang du ni /

      / rtag pa'i dngos de med pa /

8   / gal te nus na ci de ltos /

      / de ni cig car dngos 'byin 'gyur /

      / gang zhig dngos gzhan la ltos la /

      / de ni rtag dang nus ldan min /

9   / gal te dngos na rtag min te /

      / dngos rnams rtag tu skad cig phyir /

      / gang phyir mi rtag dngos po la /

      / byed pa po nyid bkag pa med /

10   / bdag sogs bral ba'i 'jig rten 'di /

      / phung po khams dang skye mched dang /

      / gzung dang 'dzin pa nyid dag gi /

      / blo yis rnam par 'joms par 'gyur /

所謂我者若非有　作者何能許為常
有法依法而成有　如是趣入世間行　（6）

不論為漸抑為頓　既恆常則都無作
由是於外以及內　常之實事皆無有　（7）

具力何必要相依　瞬間當轉成諸事
若與他事相依者　非恆常亦非具力　（8）

若名為事則無常　以事恆為剎那故
皆因諸事之無常　故非不可說能作　（9）

世間離於我與他　諸蘊與處以及界
清淨能取及所取　諸意由是得摧滅　（10）

11 / phan par bzhed pa rnams kyis ni /
/ gzugs dang tshor ba 'du shes dang /
/ 'du byed rnam shes phung po lnga /
/ de ltar nyan thos rnams la gsungs /

12 / rkang gnyis mchog gis rtag tu yang /
/ gzugs ni dbu ba rdos dang 'dra /
/ tshor ba chu yi chu bur 'dra /
/ 'du shes smig rgyu dang mtshungs shing /

13 / 'du byed chu shing dang 'dra la /
/ rnam shes sgyu ma lta bu zhes /
/ phung po bstan pa 'di lta bu /
/ byang chub sems dpa' rnams la gsungs /

14 / 'byung chen bzhi yi rang bzhin can /
/ gzugs kyi phung por rab tu bshad /
/ lhag ma gzugs med nyid du ni /
/ med na mi 'byung phyir na 'grub /

15 / de dag rnams kyi mig gzugs sogs /
/ khams rnams bshad pa de dag nyid /
/ skye mched dag ni gzung ba dang /
/ 'dzin par yang ni shes par bya /

向諸聲聞眾乃說　彼為求得利益者
即為色受以及想　並行與識等五蘊 （11）

復次兩足尊常言　色者實猶如聚沫
受者即猶如水泡　想者則猶如陽燄[2]（12）

行者卻猶如芭蕉　識者有如幻化事
諸蘊體性即如是　是為諸菩薩而說[3]（13）

若對色蘊作廣說　以具四大為自相
餘者則為無色性　不相離而得成立 （14）

如是眼以及色等　即說彼為〔十八〕界
復次種種內外執　應當知為〔十二〕處（15）

2　梵本斷片 此句作：phenapiṇḍopamaṃ rūpaṃ vedanā budbudopamā /
marīcisadṛśī saṃjñā saṃskārāḥ kadalīnibhāḥ //

3　梵本見此句部份：māyopamaṃ ca vijñānaṃ...

16 / gzugs rdul med gzhan dbang po med /
/ byed po'i dbang po shin tu med /
/ skyod pa po dang skyed pa dag /
/ yang dag bskyed par rigs ma yin /

17 / gzugs rdul dbang shes skyed min te /
/ de ni dbang po las 'das yin /
/ 'dus pa de rnams skyed byed na /
/ tshogs pa de yang mi 'dod do /

18 / phyogs kyi dbye bas phye ba yis /
/ rdul phran la yang dbye ba mthong /
/ gang la cha shas kyis brtags pa /
/ der ni rdul phran ji ltar 'thad / /

19 / phyi rol don ni rnam gcig la /
/ tha dad shes pa 'jug par 'gyur /
/ yid 'ong gzugs ni gang yin pa /
/ de nyid gzhan la gzhan du 'gyur /

20 / bud med gzugs ni gcig pu la /
/ ro dang 'dod bya bza' ba la /
/ kun rgyu chags can khyi rnams bzhin /
/ rnam par rtog pa gsum yin no /

色塵不能成為根　能作之根亦極無
所作以及能作者　真實無可生起彼 （16）

色塵亦不生起根　以彼超過於根故
若有聚合而成彼　此聚不能作開許 （17）

若將方分作分析　色塵仍見具其分
彼經思擇成支分　如理焉成無分塵 （18）

若以一外境而言　種種異受能轉起
是可成為悅意色　對於他者轉為異 （19）

此如同一女人身　禁戒行者[4]慾者[5]犬
屍骸所欲及食物[6]　如是三種分別心[7]（20）

---

4 藏譯原作 kun rgyu，直譯為遍行，此處所指為遍依禁戒而行之修行人。
5 藏譯原作 chags can，直譯為貪愛，此處所指為具愛慾之人。
6 此即謂同一女身，對行禁戒行的修行人、具愛慾之人及野犬三者而言，即分別依識取為屍骸、所欲對象及食物。
7 梵本此句作： parivrātkāmukaśunām ekasyāṃ pramadātanau / kuṇapaḥ kāminī bhakṣya iti tisro vikalpanāḥ //

21　/ don mtshungs pa yis don byed pa /
　　/ rmi lam gnod pa bzhin min nam /
　　/ rmi lam sad pa'i gnas skabs la /
　　/ don byed pa la khyad par med /

22　/ gzung dang 'dzin pa'i ngo bo yis /
　　/ rnam shes snang ba gang yin pa /
　　/ rnam shes las ni tha dad par /
　　/ phyi rol don ni 'ga' yang med /

23　/ de phyir dngos po'i ngo bor ni /
　　/ phyi don rnam pa kun tu med /
　　/ rnam shes so sor snang ba 'di /
　　/ gzugs kyi rnam par snang bar 'gyur /

24　/ ji ltar skye bo sems rmongs pas /
　　/ sgyu ma smig rgyu dri za yi /
　　/ grong khyer la sogs mthong ba ltar /
　　/ de bzhin gzugs sogs snang ba yin /

25　/ bdag tu 'dzin pa bzlog pa'i phyir /
　　/ phung po khams sogs bstan pa yin /
　　/ sems tsam po la gnas nas ni /
　　/ skal chen rnams kyis de yang spangs /

　若謂作用為等同　　豈非夢中受損害
　至於夢醒位之時　　作用依然無差別　（21）

　能執所執之體性　　皆依識而作變現
　然而離於心識外　　即更無有別外境　（22）

　是故無有諸外境　　具有實事之體性
　各各心識之所現　　變現種種色顯現　（23）

　何以凡夫心迷亂　　見諸幻事及陽燄
　以及尋香城等等　　如是而現種種色　（24）

　為除落於我執故　　乃有蘊界等教法
　以能住於唯心故　　具大福者亦捨彼[8]（25）

8　梵本此句作： ātmagrahanivṛttyarthaṃ skandhadhātvādideśanā / sāpi dhavastā mahābhāgaiś cittamātravyavasthayā //

26 / rnams par shes par smra ba la /
    / sna tshogs 'di ni sems su grub /
    / rnam shes rang bzhin gang zhe na /
    / da ni de nyid bshad bya ste /

27 / 'di dag thams cad sems tsam zhes /
    / thub pas bstan pa gang mdzad de /
    / byis pa rnams kyi skrag pa ni /
    / spang ba'i phyir yin de nyid min /

28 / kun brtags dang ni gzhan dbang dang /
    / yongs su grub pa 'di nyid ni /
    / stong nyid bdag nyid gcig pu yi /
    / ngo bo sems la brtags pa yin /

29 / theg chen dga' ba'i bdag nyid la /
    / chos la bdag med mnyam pa nyid /
    / sems ni gdod nas ma skyes te /
    / sangs rgyas kyis ni mdor bsdus gsungs /

30 / rnal 'byor spyod pa pa rnams kyis /
    / rang gi sems kyi dbang byas te /
    / gnas yongs gyur nas dag pa'i sems /
    / so sor rang gi spyod yul brjod /

關乎心識之教言　種種皆由心成立
云何心識之自相　即於此中作解說 （26）

所謂一切皆唯心　為除愚夫之怖畏
能仁乃作此教法　離畏而非說真實⁹（27）

即此遍計及依他　以及圓成自性性
空性為彼唯一性　由是觀察心自相 （28）

對彼樂於大乘者　法無我及平等性
心者本初即無生　略攝佛陀之教言 （29）

瑜伽行派之行者　以其自心作根本
由轉依得清淨心　說為各別之行境 （30）

9　梵本此句作：cittamātram idaṃ sarvam iti yā deśanā muneḥ /
uttrāsaparihārārthaṃ bālānāṃ sā na tattvataḥ //

31 / 'das pa gang yin de ni med /
/ ma 'ongs pa ni thob pa min /
/ gnas phyir gnas ni yongs gyur pa /
/ da lta ba la ga la yod /

32 / de ji ltar de ltar snang min /
/ ji ltar snang de de ltar min /
/ rnam shes bdag med ngo bo ste /
/ rten gzhan rnam par shes pa med /

33 / ji ltar khab len dang nye bas /
/ lcags ni myur du yongs su 'khor /
/ de la sems ni yod min te /
/ sems dang ldan bzhin snang bar 'gyur /

34 / de bzhin kun gzhi rnam shes ni /
/ bden min bden pa bzhin du ni /
/ gang tshe 'gro 'ong g.yo bar 'gyur /
/ de tshe srid pa 'dzin par byed /

35 / ji ltar rgya mtsho dang ni shing /
/ sems ni med kyang g.yo bar 'gyur /
/ de bzhin kun gzhi rnam shes ni /
/ lus brten nas ni g.yo ba yin /

凡成過去已無有　　凡未來皆不可得
住時所住則轉變　　現在云何可成有 （31）

彼非如其所顯現　　而其顯現亦非彼
心識無有其自性　　心識亦無他所依 （32）

如當近於吸鐵石　　鐵於瞬間即轉動
縱使彼不具其心　　然其顯現似具心 （33）

此即如阿賴耶識　　非實有而似實有
當其去來等遷動　　是即執取有之時 （34）

猶如大海及樹木　　雖動然卻無有心
阿賴耶識亦如是　　依於身而有轉動 （35）

36 / lus med na ni rnam par shes /
/ yod pa min zhes yongs rtog na /
/ de yi so so rang rig nyid /
/ ci 'dra zhes kyang brjod par gyis /

37 / so so rang rig nyid brjod pas /
/ de ni dngos po nyid du brjod /
/ 'di de yin zhes brjod pa ni /
/ nus min zhes kyang brjod pa yin /

38 / rang la de bzhin gzhan dag la /
/ nges pa bskyed par bya ba'i phyir /
/ rtag tu 'khrul pa med par ni /
/ mkhas rnams rab tu 'jug pa yin /

39 / shes pas shes bya rtogs pa ste /
/ shes bya med par shes pa med /
/ de ltar na ni rig bya dang /
/ rig byed med ces cis mi 'dod /

40 / sems ni ming tsam yin pa ste /
/ ming las gzhan du 'ga' yang med /
/ ming tsam du ni rnam rig blta /
/ ming yang rang bzhin med pa yin /

無身即便無有識　　於此說法須通達
由是亦須作解說　　云何各各之自證 （36）

許其名為自證分　　亦即說之為實事
然而無可作是說　　但說之為此即是 （37）

為令自己並為他　　能對此事生抉擇
善巧趨入諸賢者　　恆常無有諸迷亂 （38）

知者了知所知境　　無所知即無了知
如是何以不開許　　無所知亦無能知 （39）

心者唯名言而已　　除名言外更無餘
心識亦唯是名言　　名言無有其自性 （40）

41　/ nang ngam de bzhin phyi rol lam /
　　/ yang na gnyis ka'i bar dag tu /
　　/ rgyal ba rnams kyis sems ma rnyed /
　　/ de phyir sgyu ma'i rang bzhin sems /

42　/ kha dog dbyibs kyi dbye ba 'am /
　　/ gzung ba dang ni 'dzin pa 'am /
　　/ skyes pa bud med ma ning sogs /
　　/ ngo bo sems ni gnas pa min /

43　/ mdor na sangs rgyas rnams kyis ni /
　　/ gzigs par ma gyur gzigs mi 'gyur /
　　/ rang bzhin med pa'i rang bzhin can /
　　/ ji lta bur na gzigs par 'gyur /

44　/ dngos po zhes bya rnam rtog yin /
　　/ rnam rtog med pa stong pa yin /
　　/ gang du rnam rtog snang gyur pa /
　　/ der ni stong nyid ga la yod /

45　/ rtogs bya rtogs byed rnam pa'i sems /
　　/ de bzhin gshegs rnams kyis ma gzigs /
　　/ gang na rtogs bya rtogs byed yod /
　　/ der ni byang chub yod ma yin /

不論是內或是外　　抑或是兩者之間
勝者於心無可得　　是故心自性如幻（41）

顏色形色之差別　　抑或所取與能取
以至男女黃門等　　皆無心之體性住（42）

總而言之諸佛陀　　無可成見即不見
如是無有自性者　　何能見為具自性（43）

所謂實事為分別　　離諸分別即為空
每當分別顯現時　　於彼焉可有空性（44）

一切如來不照見　　所證能證差別心
何處有所證能證　　若是即無有菩提[10]（45）

10　此句梵文：na bodhyabodhakākāraṃ cittaṃ dṛṣṭaṃ tathāgataiḥ / yatra boddhā ca bodhyaṃ ca tatra bodhir na vidyate //

46 / mtshan nyid med cing skye ba med /
/ yod gyur ma yin ngag lam bral /
/ mkha' dang byang chub sems dang ni /
/ byang chub gnyis med mtshan nyid can /

47 / byang chub snying po la bzhugs pa'i /
/ bdag nyid chen po'i sangs rgyas dang /
/ brtse ldan kun gyis dus kun tu /
/ stong pa mkha' dang mtshungs par mkhyen /

48 / de phyir chos rnams kun gyi gzhi /
/ zhi zhing sgyu ma dang mtshungs par /
/ gzhi med srid par 'jig byed pa'i /
/ stong po nyid 'di rtag tu bsgom /

49 / skye med dang ni stong nyid dang /
/ bdag med ces byar stong pa nyid /
/ bdag nyid dman pa gang sgom pa /
/ de de sgom par byed pa min /

50 / dge dang mi dge'i rnam rtog ni /
/ rgyun chad pa yi mtshan nyid can /
/ stong nyid sangs rgyas kyis gsungs gzhan /
/ de dag stong pa nyid mi bzhed

無有能相亦無生　離言說道不成有
虛空菩提心證覺　皆具無二之性相[11]（46）

殊勝威德[12]諸佛陀　以及恆具大悲者
安住菩提藏之中　常知空性如虛空　（47）

是故一切法之基　寂靜境界如幻化
無所依而摧輪廻　常常觀修此空性　（48）

空性所示為無生　以及空與無我義
如是即不應觀修　下愚所作之修習　（49）

善與不善之思量　以間斷為其性相
佛陀教說為空性　彼空性非他願說　（50）

---

11 此句梵文：alakṣaṇam anutpādam asaṃsthitam avāṅ mayam / ākāśaṃ
bodhicittaṃ ca bodhir advayalakṣaṇā //

12 藏譯 bdag nyid chen po，譯自梵語 mahātmya，直譯為大者或大我，但佛經
舊譯亦多作殊勝、廣大、威德、尊高等。

51 / sems la dmigs pa med pa ni /
/ gnas pa nam mkha'i mtshan nyid yin /
/ de dag stong nyid sgom pa ni /
/ nam mkha' sgom par bzhed pa yin /

52 / stong nyid seng ge'i sgra yis ni /
/ smra ba thams cad skrag par mdzad /
/ gang dang gang du de dag bzhugs /
/ de dang der ni stong nyid 'gyur /

53 / gang gi rnam shes skad cig ma /
/ de yi de ni rtag ma yin /
/ sems ni mi rtag nyid yin na /
/ stong pa nyid du ji ltar 'gal /

54 / mdor na sangs rgyas rnams kyis ni /
/ sems ni mi rtag nyid bzhed na /
/ de dag sems ni stong nyid du /
/ ci'i phyir na bzhed mi 'gyur /

55 / thog ma nyid nas sems kyi ni /
/ rang bzhin rtag tu med par 'gyur /
/ dngos po rang bzhin gyis grub pa /
/ rang bzhin med nyid brjod pa min /

是心離於所緣境　安住虛空之體性
彼等空性之修習　許為虛空之觀修 （51）

由空性獅子吼聲　諸言說眾皆畏懼[13]
不論彼住於何處　於此於彼空性轉 （52）

任誰許識為剎那　由是亦不立為常
然若此心為無常　何以與空性相違 （53）

總而言之諸佛陀　開許心之無常性
何以彼等仍不願　承認此心為空性 （54）

心自無始以來時　自性恆常為無有
實事自性若成立　無可開說無自性 （55）

13　此句梵文僅剩上半句：śūnyatāsiṃhanādena trasitāḥ sarvavādinaḥ /

56　/ de skad brjod na sems kyi ni /
　　/ bdag gi gnas pa spangs pa yin /
　　/ rang gi rang bzhin las 'das pa /
　　/ de ni chos rnams chos ma yin /

57　/ ji ltar bu ram mngar ba dang /
　　/ me yi rang bzhin tsha ba bzhin /
　　/ de bzhin chos rnams thams cad kyi /
　　/ rang bzhin stong pa nyid du 'dod /

58　/ stong nyid rang bzhin du brjod pas /
　　/ gang zhig chad par smra ba min /
　　/ des ni rtag pa nyid du yang /
　　/ 'ga' zhig smras pa ma yin no /

59　/ ma rig nas brtsams rga ba yi /
　　/ mthar thug yan lag bcu gnyis kyi /
　　/ brten nas byung ba'i bya ba ni /
　　/ kho bo rmi lam sgyu 'drar 'dod /

60　/ yan lag bcu gnyis 'khor lo 'di /
　　/ srid pa'i lam du 'khor ba ste /
　　/ de las gzhan du sems can gang /
　　/ las 'bras spyod par 'dod pa med /

如是上來心教法　是即斷棄真實基
諸法之中無有法　彼可超過其自性　（56）

此如甜味於甘蔗　熱乃火之根本性
故許種種一切法　本性悉皆為空性[14]（57）

演說自性為空性　並非何種斷滅論
此亦並非許為常　然有說法非如是　（58）

緣起事分十二支　此由最初無明支
以至最末老死支　許「我」猶如夢與幻（59）

此具十二輻之輪　轉於輪廻有之道
有情除於此之外　更無他欲行業果　（60）

14　此句梵文： guḍe madhuratā cāgner uṣṇatvaṃ prakṛtir yathā / śūnyatā sarvadharmāṇāṃ tathā prakṛti iṣyate //

61　　/ ji ltar me long la brten nas /
　　　/ bzhin gyi dkyil 'khor snang gyur pa /
　　　/ de ni der 'pho ma yin zhing /
　　　/ de med par yang de yod min /

62　　/ de bzhin phung po nying mtshams sbyor /
　　　/ srid pa gzhan du skye ba dang /
　　　/ 'pho ba med par mkhas rnams kyis /
　　　/ rtag tu nges par bya ba yin /

63　　/ mdor na stong pa'i chos rnams las /
　　　/ chos rnams stong pa skye bar 'gyur /
　　　/ byed po las 'bras longs spyod pa /
　　　/ kun rdzob tu ni rgyal bas bstan /

64　　/ ji ltar rnga yi sgra dang ni /
　　　/ de bzhin myu gu tshogs pas bskyed /
　　　/ phyi yi rten cing 'brel 'byung ba /
　　　/ rmi lam sgyu ma dang mtshungs 'dod /

65　　/ chos rnams rgyu las skyes pa ni /
　　　/ nam yang 'gal bar mi 'gyur te /
　　　/ rgyu ni rgyu nyid kyis stong pas /
　　　/ de ni skye ba med par rtogs /

此即有如依明鏡　面龐輪廓成顯現
此中並無遷轉彼　然此無有彼亦無 （61）

此如入胎相續蘊　非於他處生為有
然亦非謂有遷轉　賢者常作此抉擇 （62）

總言空之一切法　由彼生起諸法空
行者業果及受用　勝者說之為世俗 （63）

猶如鼓聲復如苗　皆由〔緣〕聚而生起
由是種種外緣起　許為如夢亦如幻 （64）

此與諸法由因生　差別不復成相違
因者因性為空故　由此故知為無生 （65）

66　/ chos rnams kyi ni skye ba med /
　　/ stong nyid yin par rab tu bshad /
　　/ mdor na phung po lnga rnams ni /
　　/ chos kun zhes ni bshad pa yin /

67　/ de nyid ji bzhin bshad pas na /
　　/ kun rdzob rgyun ni 'chad mi 'gyur /
　　/ kun rdzob las ni tha dad par /
　　/ de nyid dmigs pa ma yin te /

68　/ kun rdzob stong pa nyid du bshad /
　　/ stong pa kho na kun rdzob yin /
　　/ med na mi 'byung nges pa'i phyir /
　　/ byas dang mi rtag ji bzhin no /

69　/ kun rdzob nyon mongs las las byung /
　　/ las ni sems las byung ba yin /
　　/ sems ni bag chags rnams kyis bsags /
　　/ bag chags bral na bde ba ste /

70　/ bde ba'i sems ni zhi ba nyid /
　　/ sems zhi ba ni rmongs mi 'gyur /
　　/ rmongs med de nyid rtogs pa ste /
　　/ de nyid rtogs pas grol thob 'gyur /

故一切法皆無生　　此即善說其空性
總而言之諸五蘊　　亦即說為一切法　（66）

若於真實說而言　　世俗相續不斷滅
真實世俗成相離　　是即非為所緣境　（67）

演說世俗為空性　　空性亦唯是世俗
若缺其一餘不生　　是如所作與無常　（68）

世俗依煩惱業生　　業則依於心而生
心由諸習氣積累　　離於習氣始得樂　（69）

樂心者是為寂靜　　心寂靜即無迷亂
無迷亂即證真實　　證真實即得解脫　（70）

71 / de bzhin nyid dang yang dag mtha' /

   / mtshan ma med dang don dam nyid /

   / byang chub sems mchog de nyid dang /

   / stong nyid du yang bshad pa yin /

72 / gang dag stong nyid mi shes pa /

   / de dag thar pa'i rten ma yin /

   / 'gro drug srid pa'i btson rar ni /

   / rmongs pa de dag 'khor bar 'gyur /

73 / de ltar stong pa nyid 'di ni /

   / rnal 'byor pa yis bsgom byas na /

   / gzhan gyi don la chags pa'i blo /

   / 'byung bar 'gyur ba the tshom med /

74 / gang dag pha dang ma dang ni /

   / gnyen bshes gyur pas bdag la sngon /

   / phan pa byas par gyur pa yi /

   / sems can de dag rnams la ni /

   / byas pa bzo bar gyur par bya /

75 / srid pa'i btson rar sems can ni /

   / nyon mongs me yis gdungs rnams la /

   / bdag gis sdug bsngal byin pa ltar /

   / de bzhin bde ba sbyin bar rigs /

真實以及真實際　　以及無相與勝義
以至殊勝菩提心　　並說之為空性等　（71）

凡諸不知空性者　　彼等無有解脫依
愚者於彼輪廻間　　流轉六種世界獄　（72）

如前所說空性義　　瑜伽行者作觀修
無有疑惑而生起　　利益他者樂着意[15]（73）

彼等一切有情眾　　曾為父母親友等
往昔於我作饒益　　我當竭力報其恩[16]（74）

世間獄之諸有情　　所有煩惱熱火燒
猶如我今受諸苦　　由是理應施予樂　（75）

15　藏：chags pa' i blo。Chags pa一般乃指貪愛、取着等，此處所指則屬善
　　法。

16　藏譯作五句。

76　/ 'jig rten bde 'gro ngan 'gro yis /

　　/ 'dod dang mi 'dod 'bras bu de /

　　/ sems can rnams la phan pa dang /

　　/ gnod pa las ni 'byung bar 'gyur /

77　/ sems can brten pas sangs rgyas kyis /

　　/ go 'phang bla med nyid 'gyur na /

　　/ lha dang mi yi longs spyod gang /

　　/ tshangs dang dbang po drag po dang /

78　/ 'jig rten skyong bas brten de dag /

　　/ sems can phan pa tsam zhig gis /

　　/ ma drangs pa ni 'gro gsum 'dir /

　　/ 'ga' yang med la mtshar ci yod /

79　/ sems dmyal dud 'gro yi dwags su /

　　/ sdug bsngal rnam pa du ma'i dngos /

　　/ sems can rnams kyis myong ba gang /

　　/ de ni sems can gnod las byung /

80　/ bkres skom phan tshun bdeg pa dang /

　　/ gzir ba yi ni sdug bsngal nyid /

　　/ bzlog par dka' zhing zad med de /

　　/ sems can gnod pa'i 'bras bu yin /

世間善趣與惡趣　　所欲果與不欲果
皆由利益諸有情　　或由惱害而生起　（76）

有如諸佛依有情　　成就無上之果位
梵天帝釋魯達羅[17]　　依於人天眾資財　（77）

彼等世間之依怙　　唯由利益有情生
於諸三界之惱亂　　能得脫離何稀奇[18]（78）

地獄畜生及餓鬼　　種種真實之痛苦
有情種種之領受　　皆由損害有情生　（79）

饑餓乾渴互鬥爭　　以及諸苦之折磨
其無盡境難遮止　　悉為損害有情果　（80）

17　藏：tshangs dang dbang po drag po dang，指Brahmā, Indra及Rudra三位天神。

18　頌77及78兩句連讀。

81   / sangs rgyas byang chub sems nyid dang /
     / bde 'gro dang ni ngan 'gro gang /
     / sems can gang gi rnam smin kyang /
     / ngo bo gnyis su shes par bya /

82   / dngos po kun gyis rten bya zhing /
     / rang gi lus bzhin bsrung bar bya /
     / sems can rnams la chags bral ba /
     / dug bzhin 'bad pas spang bar bya /

83   / nyan thos rnams ni chags bral bas /
     / byang chub dman pa thob min nam /
     / sems can yongs su ma dor bas /
     / rdzogs sangs rgyas kyi byang chub thob /

84   / de ltar phan dang mi phan pa'i /
     / 'bras bu 'byung bar dpyad pa na /
     / de dag skad cig gcig kyang ni /
     / rang don gnas zhing ji ltar gnas /

85   / snying rjes brtan pa'i rtsa ba can /
     / byang sems myu gu las byung ba /
     / gzhan don gcig 'bras byang chub ni /
     / rgyal ba'i sras rnams sgom par byed /

應知諸佛菩提心　以及善趣與惡趣
凡諸有情之成熟　悉皆分別為二種　（81）

盡諸一切作護持　如對自身作守護
若於有情離躭着　當勤斷棄猶如毒　（82）

諸聲聞由離貪着　由是證得劣菩提
圓滿佛陀證菩提　一切有情不捨棄　（83）

觀察其果之生起　是知利益無利益
如是即於剎那間　尚可住於自利境　（84）

堅穩植根於大悲　生起菩提之苗芽
菩提利他唯一果　諸佛子眾應觀修　（85）

86　/ gang zhig bsgom pas brtan pa ni /

　　/ gzhan gyi sdug bsngal gyis bred nas /

　　/ bsam gtan bde ba dor nas kyang /

　　/ mnar med pa yang 'jug par byed /

87　/ 'di ni ngo mtshar 'di bsngags 'os /

　　/ 'di ni dam pa'i tshul lugs mchog /

　　/ de dag rnams kyi rang lus dang /

　　/ nor rnams byin pa ngo mtshar min /

88　/ chos rnams stong pa 'di shes nas /

　　/ las dang 'bras bu sten pa gang /

　　/ de ni ngo mtshar bas ngo mtshar /

　　/ rmad du 'byung bas rmad du 'byung /

89　/ sems can bskyab pa'i bsam pa can /

　　/ de dag srid pa'i 'dam skyes kyang /

　　/ de byung nyid pas ma gos pa /

　　/ chu yi padma'i 'dab ma bzhin /

90　/ kun bzang la sogs rgyal ba'i sras /

　　/ stong nyid ye shes me yis ni /

　　/ nyon mongs bud shing bsregs mod kyi /

　　/ de lta'ang snying rjes brlan 'gyur cing /

於觀修得堅穩者　由覺他苦之恐怖
雖禪定樂亦能捨　甚或入於無間獄　（86）

此為稀有應讚揚　此為賢者殊勝道
彼施自身與財富　亦不較此更稀有　（87）

由知一切法空性　而能依止業與果
此比稀有更稀有　此比稀奇更稀奇　（88）

彼具救護有情想　雖於有際之污泥
卻出之而無污染　是即有如水蓮瓣　（89）

普賢等等之佛子　以其空性智慧火
焚起煩惱之柴薪　亦以悲心作滋潤　（90）

91　／ snying rje'i dbang du gyur pa rnams ／
　　／ gshegs dang bltam dang rol pa dang ／
　　／ khab nas 'byung dang dka' ba spyod ／
　　／ byang chub che dang bdud sde 'joms ／

92　／ chos kyi 'khor lo skor ba dang ／
　　／ lha rnams kun gyis zhus pa dang ／
　　／ de bzhin du ni mya ngan las ／
　　／ 'das pa ston par mdzad pa yin ／

93　／ tshangs dang dbang po khyab 'jug dang ／
　　／ drag sogs gzugs su sprul mdzad nas ／
　　／ 'gro ba 'dul ba'i sbyor ba yis ／
　　／ thugs rje'i rang bzhin can gar mdzad ／

94　／ srid pa'i lam la skyo rnams la ／
　　／ ngal so'i don du theg pa che ／
　　／ 'byung ba'i ye shes gnyis po yang ／
　　／ gsungs pa yin te don dam min ／

95　／ ji srid sangs rgyas kyis ma bskul ／
　　／ de srid ye shes lus dngos can ／
　　／ ting 'dzin myos pas rgyal 'gyur ba ／
　　／ nyan thos de dag gnas par 'gyur ／

由悲心力所轉故　逝去降生與遊戲
捨王位與苦難行　大菩提與摧諸魔　（91）

復次轉動佛法輪　諸天人之所請問
以及如如之涅槃　〔佛〕作種種之示現[19]（92）

梵天帝釋遍入天　魯達羅[20]等化身相
調伏諸趣之加行　衍為大悲自性舞　（93）

以彼厭惡輪廻道　故說大乘令休息
由是生起兩種智　然所說者非勝義　（94）

直至佛陀未勸誡　彼等聲聞仍安住
昏沉勝轉三摩地　乃至具其智慧身　（95）

19　頌91及92應連讀。
20　上來分別指Brahmā、Indra、Viṣṇu及Rudra四位婆羅門教天神。

96　　/ bskul na sna tshogs gzugs kyis ni /
　　　/ sems can don la chags gyur cing /
　　　/ bsod nams ye shes tshogs bsags nas /
　　　/ sangs rgyas byang chub thob par 'gyur /

97　　/ gnyis kyi bag chags yod pa'i phyir /
　　　/ bag chags sa bon brjod pa yin /
　　　/ sa bon de dngos tshogs pa ni /
　　　/ srid pa'i myu gu skyed par byed /

98　　/ 'jig rten mgon rnams kyi bstan pa /
　　　/ sems can bsam dbang rjes 'gro ba /
　　　/ 'jig rten du ni thabs mang po /
　　　/ rnam pa mang po tha dad 'gyur /

99　　/ zab cing rgya che'i dbye ba dang /
　　　/ la lar gnyis ka'i mtshan nyid can /
　　　/ tha dad bstan pa yin yang ni /
　　　/ stong dang gnyis med tha dad min /

100　/ gzungs rnams dang ni sa rnams dang /
　　　/ sangs rgyas pha rol phyin gang dag /
　　　/ de dag byang chub sems kyi char /
　　　/ kun mkhyen rnams kyis gsungs pa yin /

既勸誡則以諸相　成為躭着有情事
積聚福德與智慧　由是證得佛菩提 （96）

以具兩種習氣故　習氣即說為種子
種子者為事聚集　輪廻苗芽由是生 （97）

世間怙主諸教法　隨順有情之思惟
世間可有多方便　成為各各多樣相[21]（98）

甚深廣大之區分　或可具足兩性相
雖亦可作各別說　不區別即空無二[22]（99）

各種總持別別地　諸佛波羅蜜多等
彼為菩提心一份　此乃一切智所說 （100）

21　梵本此句．deśanā lokanāthānaṃ sattvāśayavaśānugāḥ / bhidyante bahudhā loka upāyair bahubhiḥ punaḥ //

22　梵本此句：gambhīrottānabhedena kva cid vobhayalakṣaṇā / bhinnāpi deśanābhinnā śūnayatādvayalakṣaṇā //

101　/ lus ngag yid kyis rtag par ni /
　　/ de ltar sems can don byed pa /
　　/ stong nyid rtsod par smra rnams la /
　　/ chad pa'i rtsod pa nyid yod min /

102　/ 'khor ba mya ngan 'das pa la /
　　/ bdag nyid che de mi gnas pa /
　　/ de phyir sangs rgyas rnams kyis ni /
　　/ mi gnas mya ngan 'das 'dir bshad /

103　/ snying rje ro gcig bsod nams gyur /
　　/ stong nyid ro ni mchog gyur pa /
　　/ bdag dang gzhan don sgrub don du /
　　/ gang 'thung de dag rgyal sras yin /

104　/ dngos po kun gyis de la 'dud /
　　/ srid pa gsum na rtag mchod 'os /
　　/ sangs rgyas gdung ni 'tshob don du /
　　/ 'jig rten 'dren pa de dag bzhugs /

105　/ byang chub sems 'di theg chen po /
　　/ mchog ni yin par bshad pa ste /
　　/ mnyam par gzhag pa'i 'bad pa yis /
　　/ byang chub sems ni bskyed par gyis /

如是依於身口意　常作饒益諸有情
諍論空性之言說　非為諍論斷滅見　（101）

不論輪迴或涅槃　諸殊勝者皆不住
是故諸佛乃演說　無住涅槃以名之　（102）

與悲同味乃福德　空性之味則殊勝
成就自利與利他　任誰飲此即佛子　（103）

以遍一切作頂禮　是為三有恆應供
佛陀種姓表表者　彼為世間之導師　（104）

依據大乘之說法　菩提心為最殊勝
平等順次第精勤　由是生起菩提心　（105）

106　/ rang dang gzhan don bsgrub don du /
　　/ srid na thabs gzhan yod ma yin /
　　/ byang chub sems ni ma gtogs pas /
　　/ sangs rgyas kyis sngar thabs ma gzigs /

107　/ byang chub sems bskyed tsam gyis ni /
　　/ bsod nams phung po gang thob pa /
　　/ gal te gzugs can yin na ni /
　　/ nam mkha' gang ba las ni lhag /

108　/ skyes bu gang zhig skad cig tsam /
　　/ byang chub sems ni sgom byed pa /
　　/ de yi bsod nams phung po ni /
　　/ rgyal ba yis kyang bgrang mi spyod /

109　/ nyon mongs med pa'i rin chen sems /
　　/ 'di ni nor mchog gcig pu ste /
　　/ nyon mongs bdud sogs chom rkun gyis /
　　/ gnod min phrogs par bya ba min /

110　/ ji ltar 'khor bar sangs rgyas dang /
　　/ byang chub sems dpa'i smon lam ni /
　　/ mi g.yo de ltar blo nyid ni /
　　/ byang chub sems gzhol rnams kyis bya /

欲證自利及利他　有境外更無方便
除此菩提心以外　佛陀亦無餘方便　（106）

僅由發起菩提心　福德聚即可獲致
然而若此具形相　盈滿虛空尚有餘　（107）

任誰若於一剎那　對菩提心作觀修
由是福德之積聚　即使佛陀亦難量　（108）

無有煩惱之寶心　是為唯一殊勝寶
無煩惱魔及盜賊　亦無掠奪之損害　（109）

世間輪廻諸佛陀　以及菩薩之發願
如是不動之心念　作令灌注菩提心　（110）

111 / ngo mtshar gyis kyang khyed cag gis /
/ ji ltar bshad pa la 'bad kyis /
/ de rjes kun bzang spyod pa ni /
/ rang nyid kyis ni rtogs par 'gyur /

112 / rgyal mchog rnams kyis bstod pa'i byang chub sems ni bstod byas pa'i /
/ bsod nams mtshungs med deng du bdag gis thob pa gang yin pa /
/ de yis srid pa'i rgya mtsho dba' klong nang du nub pa yi /
/ sems can rkang gnyis dbang pos bsten pa'i lam du 'gro bar shog //

無論汝覺何稀奇　此中所說應精勤
於此之後普賢行　成就自己之通達　（111）

諸勝作讚歎　讚歎菩提心
我今已獲得　無邊諸福德
於此輪廻海　波濤中沉沒
願有情依止　兩足尊之道　　（112）

《菩提心釋》疏

《菩提心釋》疏

龍樹論師　造
邵頌雄　譯
談錫永　疏

梵名：*Bodhicittavivaraṇa*
藏名：*Byang chub sems kyi 'grel pa*

【疏】　龍樹本論釋菩提心，所釋實為無上勝義菩提心。

通常所說的菩提心為願、行菩提心。行菩提心以空性智為勝義，願菩提心以大悲為世俗。所謂空性智，一般皆依二轉法輪，以無自性空為空，這時，菩提心便可以說為「空悲雙運」或「智悲雙運」。

然而，二轉法輪以無自性空為空實不究竟，若以三轉法輪如來藏教法，以本性自性空為究竟[1]，則將佛內自證智施設為空性，所以空性智即是佛內自證智，亦即如來法身。這樣來說菩提心時，便以如來法身為勝義，此即稱為無上勝義菩提心。

與無上勝義菩提心相應的世俗菩提心，即是如來法身功德。因為由如來法身功德才可以成立世間，故可以說為無上世俗菩提心，此筆者已多所論及。

1　參拙釋《無邊莊嚴會密意》，台北：全佛文化，2012。

依修習而言，不能一下手即修習無上勝義、世俗菩
提心，所以便須先修願行菩提心「空悲雙運」的大
悲，復修無自性的空性智，然後智悲雙運（願行菩
提心雙運）。這樣觀修的菩提心非本論所說。本論
所說是現證此「智悲雙運」後的觀修，由觀修無上
勝義菩提心而至觀修無上世俗菩提心，最後復說雙
運，這才是本論的主題。

依觀修無上勝義菩提心，所修世俗又有二次第。先
為依無上勝義菩提心來觀修願菩提心的大悲，必須
這樣才能現證平等的「無緣大悲」，復依上來的觀
修，更與無上勝義菩提心雙運，這時即能悟入如來
法身功德。此功德成立世間[2]，是即無上世俗菩提
心。龍樹於本論即如是說。

依如來藏教法，即知龍樹密意，以如來法身與如來
法身功德為無上殊勝菩提心，是即決定：如來法身
為勝義，以法身功德為世俗。於勝義（如來內自證
境）施設為本空，不可思議故，由是施設為空；於
世俗（法身功德）施設為大樂，有此功德才能周遍
成立一切世間，是即為樂。前者為佛正覺，後者為
佛圓覺。二者雙運，即為佛之正圓正覺，亦即無上
殊勝勝義世俗雙運菩提心。

上來所說次第，可表解如下 ——

2　如來法身功德有三分：空分、明分（區別分）、現分（生機）。筆者已多
　處說及。

1 勝義 —— 行菩提心（智）┐
　　　　　　　　　　　　　├── 智悲雙運
　世俗 —— 願菩提心（悲）┘

2 基於現證智悲雙運，由觀修悟入無上勝義菩提心（佛內自證智境界）。

3 基於悟入無上勝義菩提心，再依見地觀修大悲，生起無上願菩提心（一切法本性平等的無緣大悲）。復作雙運， 生起無上世俗菩提心（離相礙緣起，現證如來法身功德）。

4 基於無上世俗菩提心（法身功德與世俗雙運），由觀修現證無上勝義菩提心。

5 觀修雙運：

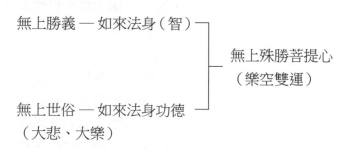

無上勝義 — 如來法身（智）┐
　　　　　　　　　　　　　　├── 無上殊勝菩提心
　　　　　　　　　　　　　　│　（樂空雙運）
無上世俗 — 如來法身功德　┘
（大悲、大樂）

學人認為本論所說空性，與龍樹《六理聚論》所說不同，可能便是因為未能正解此菩提心義所致。其實於《法界讚》、《六十正理論》、《七十空性論》，已由密意說此菩提心，所以筆者並不認為有「中觀龍樹」、「密乘龍樹」的分別。

【正文】頂禮殊勝金剛薩埵

【疏】　學人懷疑有密乘龍樹，此論即為其所造，此處頂禮
金剛薩埵即可作為證據。然而不然，金剛薩埵雖施
設為密乘主尊，其實表義為空性，說為金剛七自
性，此乃印度傳規。筆者主編《甯瑪派叢書》中的
《無修佛道》，即有說七金剛自性。以空性之虛空
為生起一切情器世間之基，如鏡影必以鏡為生起
基，不能於鏡外更有建立，所以一切世間亦不能離
此空性之虛空而建立。此空性之虛空即是如來法身
之喻，具七金剛自性。說言——

> 虛空既不能損其分毫，是故無瑕；既不能剋
> 制之或摧毀之，是故無壞；既住而成世間一切
> 明相展現之根基，是故無虛；既不受過失或功
> 德所變，是故無染；既離變易，是故無動；既
> 能遍入最極微塵聚，是故無礙；既無有能壞之
> 者，故虛空為無能勝。

此七金剛自性，可以說是如來法身與法身功德雙運
性，所以亦即是菩提心性、如來藏性、大圓滿性、
大手印性。以此之故，是應頂禮。

【正文】經言 ——

> 一切實事皆遠離
> 諸蘊與界以及處
> 執為外境內識者
> 悉法無我平等性
> 自心從於無始時
> 即此空性之自相

諸佛薄伽梵及大菩薩發大菩提心，我亦從今乃至證得菩提，為諸有情生起大菩提心，令未得救渡者得救渡、未解脫者得解脫、未休息者得休息、未涅槃者得涅槃。

菩薩行密咒道生起世俗願菩提心，復依修習力生起勝義菩提心。故我闡釋其體性 [如下]：

【疏】　龍樹說「生起世俗願菩提心」即上表中之3；說「復依修習力生起勝義菩提心」即上表中之4。及至「闡釋其體性」則說至上表中之5。

菩薩行者須依密咒道始能生起世俗願菩提心。願菩提心含法、報、化三身生成因，復由三身無分別而證覺。由於含報、化二色身，所以相對法身說為世俗。至於勝義，由修習力生起，此修習當然更須依密咒道，如大手印、大圓滿。此中大手印包含噶舉派所傳，及薩迦派《道果》的果續大手印。

甯瑪派的大圓滿，其初本稱為菩提心。遍照護（Vairocana）赴印度隨吉祥師子（Śrī Siṃha）學大圓滿法，傳回西藏的大圓滿續，至少有五本（rdzogs chen snga 'gyur lnga），其名為──

《菩提心覺性杜鵑》（《六金剛句》*Byang chub sems rig pa'i khu byug*）；

《菩提心修習》（*Byang chub sems bsgom pa*）；

《菩提心大勇行》（*Byang chub sems rtsal chen sprugs pa*）；

《菩提心大金翅鳥》（*Byang chub sems khyung chen*）；

《菩提心不落法幢》（*Byang chub sems mi nub pa'i rgyal mtshan*）。

由此可見，後來稱為「大圓滿法」者，實即是修習菩提心的密續。

一、釋勝義菩提心

【疏】　此說無上勝義菩提心，今姑且簡稱為勝義菩提心，以省篇幅。

佛之覺心（菩提心）本來唯一，為了闡釋其法義，方便施設為勝義與世俗。勝義菩提心即佛內自證智，亦即自然智、法爾智，不由施設而成，凡佛所證皆為此智境，是故唯一。釋迦說法時將此智境說為種種法異門，於初轉法輪時說為四諦；於二轉法輪時說為般若；於三轉法輪時說為如來藏；其觀修則為法相瑜伽行，復由文殊師利建立不二法門，實則所說密意相同。

1　依業因緣起抉擇外道見 —— 一切實事皆遠離

【疏】　外道有多門，然而都有實執，所以破實執見便能通破外道。《密集》頌文初句「一切實事皆遠離」，便即是通破外道的實事執，如梵天、大自在天、勝性、微塵、時、方等，此皆執為實事。龍樹此處用

無常來破實事，即是由業因緣起而破。內識的無
常，是念念相續；外境的無常，是剎那生滅，此二
者皆由和合而成。內識由習氣、觸、作意和合而起
用；外境由根、境、識三和合而成顯現，此皆可說
為因緣和合。故由業因緣起說因緣和合，即能知一
切法之無常，由是能破外道一切實事執。

筆者行將出版《密嚴經密意》一書，收入本叢書
中，對此有極詳細的說明，讀者可以參考。

【正文】 頂禮殊勝金剛持　　攝菩提心體性義
　　　　我今開示菩提心　　能滅諸有之串習　　　（1）

　　　　諸佛所具菩提心　　諸分別見都無覆
　　　　如我及蘊實事執　　故說性相為空性　　　（2）

　　　　既受悲心所滋潤　　自當精進修此心
　　　　具大悲者諸佛陀　　恆常緣此菩提心　　　（3）

【疏】 頂禮金剛持，亦即頂禮七金剛空性，七金剛空性攝
菩提心體性。

執着實事，只是由於起分別見，如執「我」、
「蘊」、「處」等為實事，只是緣於分別我與他、
我與我所。由串習菩提心則能滅除種種實事執。何
以故，以菩提心不受諸分別見所覆故，是故說菩提
心為空性性相。

比對前說七金剛自性，此即可說為無染、無動、無
能勝等。

行者先建立悲心，求證覺以度眾生，故當修習菩提
心。因佛陀於證覺後依然無間緣菩提心，是即無間
住於佛內自證智境界，說為常住如來法身，故行者
修習菩提心，即是證菩提、得涅槃之道。

【正文】　外道計度之梵我　　謂其住諸蘊聚內
　　　　若依正理作觀察　　則其住處不可尋　　（4）

　　　　諸蘊雖有但非常　　抑且無有我體性
　　　　於彼恆常及無常　　能依所依非實事　　（5）

　　　　所謂我者若非有　　作者何能許為常
　　　　有法依法而成有　　如是趣入世間行　　（6）

　　　　不論為漸抑為頓　　既恆常則都無作
　　　　由是於外以及內　　常之實事皆無有　　（7）

【疏】　以梵我為例，說無實事。外道說梵我住於五蘊，然
而依正理觀察，五蘊中不可說有梵我，是故梵我非
實，五蘊亦非我。

繼說五蘊，世俗中可說五蘊為有，人亦依於五蘊而
生活，然而不可說五蘊有「我」這個體性。試加觀
察：如果說五蘊有恆常的「我」體性，是即不能成
長，人永恆為嬰孩的五蘊體性，甚至連種子都不能
發芽；如果說五蘊無常，無常即是恆時變異，既變
異便無一「我」的體性可以執持；如果說五蘊為所
依，我為能依，則應觀察何者為我，亦即觀察五蘊
體性之外，於五蘊中復有何體性可說為我。由此觀
察，即可決定五蘊與我都非實事。

【正文】具力何必要相依　　瞬間當轉成諸事
　　　　若與他事相依者　　非恆常亦非具力　　（8）

　　　　若名為事則無常　　以事恆為剎那故
　　　　皆因諸事之無常　　故非不可說能作　　（9）

【疏】　一切諸法如果具足自性，則必同時具足此自性之力，是則法法獨立，不須依緣起而成事，即由一法之自性力瞬間即生起此法。但這樣並不是我們的世間現象，世間諸法無不由因緣和合而成，此如依種子為因，依土壤、陽光與水為緣，種子始能發芽而成植物。由此即不能說種子具自性力，更不能說為恆常，種子恆常即不能成植物開花結果，因為永遠是種子狀態。

　　所以凡說為實事者必為無常，以恆常變異故。種子變異為植物，植物變異成花果，是即無常事物。人的心識亦由念念相續而恆常變異，由心識相續始能見變異的心行相，否則心識見一行相之後，即不能見他行相。嬰兒出生第一眼之所見，就成為終生之所見，這當然不合理。依此觀察可以決定，於內識外境中都無實事可以建立，因為都是無常。

　　亦正因為事物為無常性，這才可以說由能作性生成事物。此如因緣和合，即因緣諸法由和合而作成一法，此如由磚瓦木石等法，和合作成一法名屋，若磚瓦木石各有其自性，則不成作者，因為磚永為磚，瓦永為瓦；亦如由內識見外境顯現，實由識的見分緣相分而見，此心識亦必由因緣和合而成，正

由於無常，才能變現不同的相分，由不同的見分來見，否則心識便永恆只有一相分及一見分，由是即無所作，無作者性。如是即違反世間。

頌文由是決定：正因為事物有無常性，才可以成立能作此作者性。既是無常，即非實事，是故可以決定六句頌的第一句：「一切實事皆遠離」。

2 依相依緣起抉擇小乘見 ── 諸蘊與界以及處，執為外境內識者

【疏】　一切法可攝為蘊處界，今對此作抉擇。此抉擇有二：一由外境作抉擇，一由內識作抉擇。前者主要針對小乘說一切有部，後者主要針對經量部。

說一切有部，於色法，經心識分析後其概念不受破壞，便認為是勝義諦定義下的實有，此如極微，分析後便認為有一無可再分割的極微，所以極微便是勝義有。又如內識，分析後認為內識不可能不存在，否則人便無有知覺，所以內識亦是勝義有。

經量部只承認現前的外境實有，過去、未來則非實。然而，心識緣於外境時，境映於心成一行相（表象），心識再對此影像加以了別，如是而見外境，所以外境的實有，實因心識而成，由是他們便不像說一切有部那樣，同時成立心識與外境，只認為心識實有。至於現前的外境，則依心識的實有而成現量（顯現），依現量而為實有。

此處頌文所破,為對蘊處界的上述執着見。

【正文】 世間離於我與他　　諸蘊與處以及界
　　　　清淨能取及所取　　諸意由是得摧滅　　（10）

　　　　向諸聲聞眾乃説　　彼為求得利益者
　　　　即為色受以及想　　並行與識等五蘊　　（11）

　　　　復次兩足尊常言　　色者實猶如聚沫
　　　　受者即猶如水泡　　想者則猶如陽燄　　（12）

　　　　行者卻猶如芭蕉　　識者有如幻化事
　　　　諸蘊體性即如是　　是為諸菩薩而説　　（13）

【疏】 觀察世間,若能離我與他、離蘊處界之實有見,是
　　　即心識便無所取,由是便無能取與所取的分別,執
　　　着二取的意,因而便亦摧滅。

　　　佛為利益諸聲聞眾,故說五蘊,令他們思維五蘊非
　　　我,由此「非遮」成立「人我空」。但對諸菩薩,
　　　則說色如聚沫、受如水泡、想如陽燄、行如芭蕉、
　　　諸如幻化,如是說五蘊為「法我空」。這即是說,
　　　聲聞的非遮,只遮人我,未遮法我,對菩薩所說為
　　　「無遮」,則人法二我皆空。

【正文】 若對色蘊作廣説　　以具四大為自相
　　　　餘者則為無色性　　不相離而得成立　　（14）

　　　　如是眼以及色等　　即説彼為［十八］界
　　　　復次種種內外執　　應當知為［十二］處　　（15）

【疏】　五蘊中，唯有色蘊以四大為自相，其餘受、想、
行、識四蘊，無物質性，所以是無色性，然而，此
亦不離色蘊而得成立。

將五蘊推廣，即可建立十二處與十八界。

十二處（āyatana）分六內處與六外處。眼、耳、
鼻、舌、身、意等六處為內，色、聲、香、味、
觸、法等六處為外。內六處即是五種感覺器官與意
這種感覺，是即心與心所之所依；外六處即是五種
認知對象與法這種心境，是即心與心所之所緣。配
合五蘊，眼、耳、鼻、舌、身及色、聲、香、味、
觸等十處，攝於五蘊中的色蘊；意處即是識蘊；法
處即是受、想、行三蘊。

十八界（dhātavaḥ）即是人一身中能依之識、所依之
根、所緣之境。是即眼、耳、鼻、舌、身、意等六
根，具有認識的功能；色、聲、香、味、觸、法等
六境，是為認識的對象；眼、耳、鼻、舌、身、意
等六識，具有分別認識的功用，等同十二處中的意
處。

由此可知五蘊、十二處、十八界，只是施設廣略的
不同，略則攝為五蘊，廣則展為十八界。

下來頌文多依五蘊而說，實則已通說蘊、處、界。

【正文】　色塵不能成為根　　能作之根亦極無
　　　　　所作以及能作者　　真實無可生起彼　　　（16）

　　　　　色塵亦不生起根　　以彼超過於根故
　　　　　若有聚合而成彼　　此聚不能作開許　　　（17）

　　　　　若將方分作分析　　色塵仍見具其分
　　　　　彼經思擇成支分　　如理焉成無分塵　　　（18）

【疏】　　觀察色蘊，眼、耳、鼻、舌、身等五根由色蘊組成，
　　　　然而並非由色蘊的微塵可以作成五根。因為非有一
　　　　「能作」可作成五根。同時五根亦非所作，亦無五
　　　　根的能作者。何以故，因為不能由色塵來生起五
　　　　根，色塵已超越五根的範限。這一點須要稍作解釋。

　　　　所謂色塵，即是四大的極微，由於極微，所以按當
　　　　時的概念只能說為塵，若在現代，則可說為原子、
　　　　中子、介子、質子等粒子。這些微塵都超越心識，
　　　　不能成為心識所緣境，所以說它超過五根的範限，
　　　　因為五根都在心識的範圍內。正由於此，所以即使
　　　　微塵聚合，亦不能作成五根，同時這種聚合亦不能
　　　　成立，因為都不是心識所緣境。

　　　　這裏強調心識所緣，即是強調相依。人的五蘊，色
　　　　蘊為物質，受、想、行、識四蘊為心識，前已說過
　　　　色蘊與四蘊皆相依而成立，倘若依小乘的說法，物
　　　　質與心識不須相依，便自然可以成立由色塵作成五
　　　　根，但若依物質與心識須相依而成立，那麼，這物
　　　　質便必須是心識的所緣境，因此16、17兩頌便即是
　　　　依相依緣起來破小乘的計實，色塵不能計為實，五

根亦不能計為實。

接着，便從根本來破色塵。凡立體的事物必然可
破，因為依方分來作分析，事物破後仍然具有方
分，所以將一立體來破，一破再破以至千破萬破，
無論破到多細，依然是一立體（「色塵仍見具其
分」），由思維可以說有小到無可再小的極微，然
而，既然此極微依然是立體，凡立體必然可破，所
以極微便不能如理成立。

極微既不能如理成立，所以離心識來成立五根等，
便亦不如理。如是，依心識與外境相依而成立，便
破掉小乘的實事執。亦即「諸蘊與界以及處，執為
外境內識者」，悉皆無有。

【正文】若以一外境而言　　種種異受能轉起
　　　　是可成為悅意色　　對於他者轉為異　（19）

　　　　此如同一女人身　　禁戒行者慾者犬
　　　　屍骸所欲及食物　　如是三種分別心　（20）

　　　　若謂作用為等同　　豈非夢中受損害
　　　　至於夢醒位之時　　作用依然無差別　（21）

　　　　能執所執之體性　　皆依識而作變現
　　　　然而離於心識外　　即更無有別外境　（22）

【疏】　依相依緣起，外境唯藉心識而成變現，所以說為
　　　　「唯識」，此處即略說唯識。

同一外境，心識可起種種異受，此視為可悅，彼視
為不可悅。頌文舉一女人身為例，禁戒行者視之如
同屍骸；具貪欲者視之為洩欲的對象；犬則視之為
食物，由此即可見心識的變異。

或諍言：此等異受都是心識功能，所以應該等同。

答言：若如汝所云，豈不是夢位所受等同醒位所
受？是則夢中受損害，醒時亦應見損害。

這回答，已經遮撥了小乘的潛台詞。小乘的意思
是，若異受等同，則外境根本不須理會心識而成顯
現，因為心識無論成種種顯現，實皆等同，所以事
物依色塵而成立為有，與等同的心識無關。現在否
定異受心識等同，便即依理成立了外境依心識顯
現。

所以無論將外境視為能執或所執，其體性皆為依識
作變現，因此，離於心識即無外境。

【正文】　是故無有諸外境　　具有實事之體性
　　　　　各各心識之所現　　變現種種色顯現　（23）

　　　　　何以凡夫心迷亂　　見諸幻事及陽燄
　　　　　以及尋香城等等　　如是而現種種色　（24）

　　　　　為除落於我執故　　乃有蘊界等教法
　　　　　以能住於唯心故　　具大福者亦捨彼　（25）

【疏】　既然外境依心識而變現，那便是依「相依緣起」而
　　　　成立，所以不能說「具有實事之體性」。異受不

同，各各心識變現不同，是故同一事物，便變現而
有「種種色顯現」。

凡夫的迷亂，即由分別心依異受而建立事物為實，
喻為見幻事（魔術）、見陽燄、見尋香城等，異受
建立成種種色，於是即有種種實事執。

佛為除有情的我執，於是便有蘊處界等教法。對此
教法，依唯識可說外境住於唯心，然而，受更高教
法的學人（具大福者），對唯識之說亦能捨除。故
六句頌的第二、三句，對唯識即定義為「諸蘊與界
以及處，執為外境內識者。」

3　依相對緣起抉擇唯識見 —— 悉法無我平等性

【疏】　此處抉擇唯識，主要是抉擇瑜伽行古學的唯識見。
唯識今學成立較晚，故龍樹並未針對他們的說法來
作抉擇。或有學人懷疑，龍樹時代未有瑜伽行派，
何以龍樹能對之作抉擇？此則須知，釋迦於二轉法
輪說般若時，實已建立遍計、依他、圓成三自性，
同時亦說及三無性，此處抉擇，實以抉擇三自性相
為主。筆者標題為「抉擇唯識見」，實只為了方
便。

釋迦抉擇唯識見，詳見於《密嚴經》，龍樹此處作
抉擇多與之相同，讀者可以參考筆者的《密嚴經密
意》。

釋迦談及唯識，於《密嚴經》中已明說為權宜，僅

為除愚夫之怖畏而說，絕非究竟。瑜伽行派說唯識，亦未以三自性相的「圓成自性相」為究竟，因為還可以用「勝義無自性」來超越。可是後人將唯識發展為唯識今學，卻以「圓成自性相」為實相，只認為它本身即具有「勝義無自性」性，這樣一來，便完全混亂了瑜伽行的體系，將圓成即建立為勝義，所以西藏覺囊派說他空見時，便批評這種唯識見是誤解了釋迦的教法。這批評是對的，因為說圓成自性只是說相的自性，雖由此觀修得入無為，但卻始終是心識的顯現境，所以無著所傳的彌勒瑜伽行才說超越圓成現證勝義無自性，由是即入大中觀不二法門、入如來藏。可是唯識學人卻多喜偏執心識境，即使說圓成自性亦趨向於世俗的阿賴耶識而說，所以印度的中觀宗便都不認可這種背離彌勒瑜伽行的唯識，西藏所有教派亦都不認可唯識今學，只認可安慧（Sthiramati）所傳的彌勒瑜伽行唯識古學。

瑜伽行古學說唯識，並未將唯識建立為一個獨立的教法，只將之歸於法相系統之下，然後由對法相的觀修（瑜伽），認識心識的運作，從而由圓成自性來認識阿賴耶識，這種觀修系統實與釋迦的教法相合，見於《密嚴經》、《入楞伽經》、《八千頌般若》等經，所以不在龍樹的抉擇範圍之內。龍樹的抉擇，只針對將心識執實而不自知的瑜伽派論師，亦即對阿賴耶識誤解的行人。這種行人在龍樹時代已有，此見於多羅那他（Tāranātha, 1571-1635）的《印度佛教史》（*History of Indian Buddhism*）。依張

建木譯本，第十五章〈聖者龍樹護持教法時代〉，有一段文字說——

> 有難陀尊者（Nanda）、三藐薩底耶尊者（Samyaksatya）、波羅摩斯那尊者（Paramasena）三人奉持瑜伽行唯識派宗風，造了若干論典。在阿毘達磨論中解釋阿賴耶的問題上，這三位尊者被稱為前瑜伽師，其原因在於把無著兄弟算作後瑜伽師，以表示無著兄弟不是前三位尊者的追隨者。

這段文字即可以證明這點，同時知道，無著所傳的瑜伽行教法與這三位論師不同。

【正文】　關乎心識之教言　　種種皆由心成立
　　　　　云何心識之自相　　即於此中作解說　　（26）

　　　　　所謂一切皆唯心　　為除愚夫之怖畏
　　　　　能仁乃作此教法　　離畏而非說真實　　（27）

　　　　　即此遍計及依他　　以及圓成自性性
　　　　　空性為彼唯一性　　由是觀察心自相　　（28）

【疏】　頌文先說釋迦演心識法門並非究竟。接着說，釋迦是由三種自性來說「心識之自相」，是即遍計自性相、依他自性相、圓成自性相。分別具有「遍計自性」性、「依他自性」性、「圓成自性」性。最後決定，三種自性實都以空性為性。若由空性來觀察「心自相」，即現證無相，此時便已超越相依。

現代有些唯識學人不認同圓成自性以空性為性，並斥此為「惡取空」，那是因為他們根本不知何謂「圓成」。筆者對此講說已多，今且作通俗說如下。

任何生命形態的顯現（相），都須適應許多局限，內如生命的基因，外如陽光空氣等環境，此種種即為相礙，所以生命的成立，實以適應相礙為緣，其適應即名「任運」（任其相礙而運作適應），能任運即便「圓成」，是即有情世間的成立。器世間亦如是，山河大地都須適應局限而成相，因此黃山便不同泰山，黃河便不同長江，局限不同，適應不同之故，（此即「明分」、區別分）。由此圓成自性便可說為空性，若有實自性便不須任運亦應可以圓成。

龍樹於此尚未說相礙緣起，筆者在此說及，只是為了去疑。下來龍樹依法性與心性相對，超越心識與外境的相依，成立「悉法無我平等性」。

【正文】對彼樂於大乘者　　法無我及平等性
　　　　心者本初即無生　　略攝佛陀之教言　　（29）

　　　　瑜伽行派之行者　　以其自心作根本
　　　　由轉依得清淨心　　說為各別之行境　　（30）

　　　　凡成過去已無有　　凡未來皆不可得
　　　　住時所住則轉變　　現在云何可成有　　（31）

　　　　彼非如其所顯現　　而其顯現亦非彼
　　　　心識無有其自性　　心識亦無他所依　　（32）

【疏】　頌文說「**樂於大乘者**」，是指佛大乘，不是菩薩道
　　　　的大乘。前者唯一、不二，後者則未離二法（依他
　　　　及執圓成為實）。今論主「**略攝佛陀之教言**」，說
　　　　佛乘「**心者本初即無生**」的義理。

　　　　落於依心識的行人，雖然說所取的外境非有，是故
　　　　能取的心識亦非有，但他們其實依然執心識為實。
　　　　因為他們將由轉依而成的清淨心，視為不同行人的
　　　　各別不同心行境。為甚麼這樣說呢？原因在於他們
　　　　成立自證分。

　　　　安慧的唯識，依無著和世親的教法，不施設自證
　　　　分。後來陳那所傳，即非常重視自證分，這很可能
　　　　是受到無著論師之前的三位前瑜伽師的影響，如今
　　　　龍樹所批評的，應該即是他們。有些唯識學人認為
　　　　龍樹批評陳那，時代不合，龍樹沒可能論及比他約
　　　　晚三百年的論點，所以便硬說有一個密乘龍樹為本
　　　　論論主，這是企圖貶低論主的地位，從而否定本論
　　　　的價值，這是抹殺三位前瑜伽師的歷史。

　　　　龍樹駁斥他們的說法。本段頌文說，過去、現在、
　　　　未來的心行境都無有自性，因為心境會轉變。由是
　　　　不能說心識自性（心性）如其所顯境的自性，亦不
　　　　能說所顯行境的自性依於心識自性。是即可以決
　　　　定，凡心性建立皆是虛妄，以無自性故，是即如幻
　　　　如夢。因此說轉依清淨心是行人各別自證行境，便
　　　　等於說轉依為虛妄。犯這樣的錯誤，實由於將內識
　　　　與外境的相依執實。犯錯的原因，則由於不認識阿

賴耶識本初清淨（心法性），由習氣熏習而成不淨
（心性）。下來現頌文即說此心法性與心性的相
對。

【正文】　如當近於吸鐵石　　鐵於瞬間即轉動
　　　　縱使彼不具其心　　然其顯現似具心　（33）

　　　　此即如阿賴耶識　　非實有而似實有
　　　　當其去來等遷動　　是即執取有之時　（34）

　　　　猶如大海及樹木　　雖動然卻無有心
　　　　阿賴耶識亦如是　　依於身而有轉動　（35）

　　　　無身即便無有識　　於此説法須通達
　　　　由是亦須作解説　　云何各各之自證　（36）

【疏】　阿賴耶識為餘七識之生起基，七識轉動，阿賴耶識
　　　亦隨之轉動，此如鐵被磁石轉動。所以阿賴耶識本
　　　無轉動心，只是看起來卻似有心。若不明此理，便
　　　會將阿賴耶執實，而不知其「非實有而似實有」，
　　　於見其轉動時，即執之為有，既然各別阿賴耶識各
　　　別有，那就會認為有各別之心行境。

　　　大海與樹木亦無心而動，其動却有所依。大海之動
　　　依於海水，樹木之動依於樹身，所以阿賴耶識之動
　　　則依於身，由於習氣、觸、作意三和合而動，此三
　　　者實為身所具有。由此可以決定，如果說阿賴耶識
　　　為有，便須說身為有，身的動態亦為實有。這顯然
　　　不合理，所以對「各各之自證」實應解釋，無法解

釋即不成立。

上來所說，即否定依心性成立心的行境。下來即否
定認識行境的自證分。

【正文】許其名為自證分　　亦即説之為實事
　　　　然而無可作是説　　但説之為此即是　　（37）

　　　　為令自己並為他　　能對此事生抉擇
　　　　善巧趨入諸賢者　　恆常無有諸迷亂　　（38）

　　　　知者了知所知境　　無所知即無了知
　　　　如是何以不開許　　無所知亦無能知　　（39）

【疏】　　所謂「自證」，即是心識的一種行境，上來已說，
　　　　心識轉動不能離身，倘如轉依是各各自證的各別心
　　　　境，那便必須承認有各別的身，這樣一來，轉依的
　　　　心與身便依然落於「我」（因為是各別），同時有
　　　　我與我所，是即自證分非為實事不可，此即完全同
　　　　於凡夫的心理狀態。不同的凡夫同吃一種糖，各別
　　　　「自證」糖的味道，起不同的心境（如喜歡或不喜
　　　　歡），這很合理，因為他們是用虛妄心識來生活，
　　　　所以身與心識一切皆視為實，我與我所亦都是實
　　　　事，因而自證分亦是實事，但他們並未有說轉依。
　　　　那麼，唯識家又怎樣來解釋成轉依的聖者與未轉依
　　　　凡夫的自證分差別呢？可是他們却只一味說因轉
　　　　依、果轉依等等，對此根本問題並不解釋。

　　　　是故應該抉擇，轉依的境界恆常（唯一），是即無

實事執的種種迷亂。智者得成轉依，同時即了知轉
依境界，未到這境界即不能了知，這樣，就不同凡
夫的心識，由能知與所知而知。為甚麼？因為心理
狀態的變異，水到渠成。自然而然，根本不須要作
意如何變來成變異，如是即離能所，否則心（阿賴
耶識）便依然落於習氣、觸、作意三和合的迷亂
境。

下來即說世俗的心性與勝者的心法性，此二者相
對，由是超越相依。

【正文】 心者唯名言而已　　除名言外更無餘
　　　　 心識亦唯是名言　　名言無有其自性　　（40）

　　　　 不論是內或是外　　抑或是兩者之間
　　　　 勝者於心無可得　　是故心自性如幻　　（41）

　　　　 顏色形色之差別　　抑或所取與能取
　　　　 以至男女黃門等　　皆無心之體性住　　（42）

　　　　 總而言之諸佛陀　　無可成見即不見
　　　　 如是無有自性者　　何能見為具自性　　（43）

【疏】 心識無實，唯是依名言而成有，除名言外即無所
　　　　 有。這個決定，佛家諸宗無不認許。由是勝者於轉
　　　　 依時實心無所得，唯自然轉起一種心理狀態，沒有
　　　　 作意。已離習氣，是即現證心性如幻而住於心法
　　　　 性。心性所取之顏色形色差別、男女及非男非女的
　　　　 差別等等，無論能取所取，皆無真實的心性可住。

若依然用自證分來定義這心法性，即等如說心法性之所見如同心性之所見，這不合道理。

所以頌文接着說，諸佛勝者「無可成見即不見」，心法性於一切差別相不見為真實，即不由分別來見差別相，是即現證無分別。此時更不將唯名言而無自性的分別心，當成真實有自性。

【正文】　所謂實事為分別　　離諸分別即為空
　　　　　每當分別顯現時　　於彼焉可有空性　　（44）

　　　　　一切如來不照見　　所證能證差別心
　　　　　何處有所證能證　　若是即無有菩提　　（45）

【疏】　心性建立的實事，無非是依世間名言句義來作分別，更依分別而成建立，此如建立貓與犬，無非皆依「貓」、「犬」的名言句義。若離名言句義，即離分別，於是即無實事（不是說沒有貓與犬，只是說它們如幻而成顯現），故說為空。倘若住於心性，當然有貓與犬的分別顯現，此心性行境，焉可說之為空性境界。是即可以決定，依於心識的自證分不能現證空性境界。

勝者由轉依現證如來法身，因已離分別，當無能證、所證的差別心，是即不可能有能證的自證分、所證的轉依境，若有，即便不成為覺（菩提）。這樣就由心法性相對於心性，徹底否定了唯識今學的心境相依。

這是超越心性的決定，如是由心法性的「唯心所自
見」（無分別而見），即見一切法本性平等，是即
現證六句頌的「悉法無我平等性」。

4 依相礙緣起抉擇中觀見 ——
自心從於無始時，即此空性之自相

【疏】　這裏說的中觀見，指小中觀，亦即唯執空性來說一
切諸法無有自性的宗部。他們的缺失，不在於說無
自性，而在於唯依識境來建立空性。這樣便一定不
究竟，因為勝者佛陀現證如來法身，其內自證智絕
不可能依然落於識境而證。所以他們所說的空性，
一定不是佛內自證的空性。由是即須加以抉擇。

依識境說空的人，誤解龍樹說的「緣生性空」，此
有兩點 ——

一者：其所說的緣生，唯落於業因緣起與相依、相
對緣起，不知有相礙緣起的任運圓成，用瑜伽行派
的道名言來說，便是唯知遍計與依他而不知有圓成
自性。

二者：他們將「緣生」與「性空」放在同一層面，
因此認為，因為緣生所以性空，由於性空才能緣
生，並自詡這說法是勝義世俗相融，不落一邊。

這兩點誤解，缺點都在於錯用識境來代替智境。佛
由智境而見空，他們却要佛由世間識境而見，所以
就不知佛後得智見一切法的任運圓成；亦不知佛是

超越緣起無礙而證空性，這時，空性即是如來法身境，亦即佛內自證智境，焉能說是因為緣生所以性空呢？

論主在本段頌文中抉擇空性，成立究竟的本性自性空，決定自心（阿賴耶識）本初即空性相，同於《密嚴經》說阿賴耶識即是密嚴剎土，這才是根本智與後得智雙運的境界。根本智超越緣起而見勝義空性，後得智見世俗落於相礙緣起而任運圓成。這樣說空，才是究竟，是故稱為大中觀。其所以究竟，是因為能夠決定「自心從於無始時，即此空性之自相」，小中觀則不能作此決定。

【正文】　無有能相亦無生　　離言說道不成有
　　　　　虛空菩提心證覺　　皆具無二之性相　　（46）

　　　　　殊勝威德諸佛陀　　以及恆具大悲者
　　　　　安住菩提藏之中　　常知空性如虛空　　（47）

　　　　　是故一切法之基　　寂靜境界如幻化
　　　　　無所依而摧輪廻　　常常觀修此空性　　（48）

【疏】　頌文先說無二，無二即是唯一，佛內自證智境界即是唯一，此中無有相依、相對等二法，是故任誰現證，亦唯是此唯一境界。

　　　　如何成立無二，由「無有能相亦無生」而成立。能相由名言句義成立，即一切法唯依名言句義而成，所以是虛妄相、言說相。至於無生，即說由能相建

立的法都無自性，無真實的生起，是故若離「言說道」，則「能相」與「生」悉皆無有。虛空（喻如來法身境界）、菩提心、證覺，三者都是同一的無二性相。

說佛「安住菩提藏之中」，即說佛住於智識雙運的境界，亦可以說是勝義世俗菩提心雙運的境界，於此境界，施設名言為空，施設如來法身為虛空，所以說「常知空性如虛空」，即是說如來法身施設為空性。

此「菩提藏」（亦可以說是智識雙運的如來藏）是寂靜境界，於中雖有識境以此境界為基而隨緣自顯現，然而悉如幻化，若知如幻，即無所依，由是即斷輪迴，故說行人應「常常觀修此空性」。說的是「此空性」，即以如來法身為空的空性，並不是「唯識無境」、「緣生性空」等依識境成立的空性。在佛經中，說「此空性」為菩提心的空、如來藏的空、密嚴境的空、不二法門的空、金剛藏的空，異名甚多，然而都不離如來法身而說。說佛內自證智當然不能離開如來法身，若離，便都不成究竟。

【正文】　空性所示為無生　　以及空與無我義
　　　　　如是即不應觀修　　下愚所作之修習　　（49）

　　　　　善與不善之思量　　以間斷為其性相
　　　　　佛陀教說為空性　　彼空性非他願說　　（50）

是心離於所緣境　　安住虛空之體性
彼等空性之修習　　許為虛空之觀修　　（51）

【疏】　頌文說觀修空性，區別佛所說的觀修與下愚的觀
　　　修。

由空性可顯示無生、空、無我，是為佛陀所說的觀
修。也許有些學人亦會堅持，他們說「唯識無境」、
「緣生性空」亦可以成立無生、空、無我，所以便
須抉擇。佛依智識雙運來建立無生、空、無我，他
們則唯依識境來建立，是故即有本質上的分別，此
於上來已說。

先說離所緣境而觀空。人於思量時，無論思量善或
不善，都是間斷而思量，所以說是「相續」。一個
念頭跟另一個念頭之間的空白，佛即說之為空（無
念）。所以說是「念念分明」，必須念念分明，然
後才能認識到念念之間的空白，於空白中無念，亦
即離所緣境，那就可以由觀修來認識空的境界。當
年菩提達摩教唸佛，依四川保唐派的傳承，是一口
氣唸佛，至氣盡時停頓，那便等如念念之間的空
白，他們便說這空白即是無生、空、無我的境界。
可惜時至今日，唸佛便是唸佛，根本不知有「念念
分明」這回事。有些聲名藉甚的大德，解說「念念
分明」，說是「每一個念頭都要清清楚楚」，那只
是依文解字，他們亦根本說不出為甚麼要「每一個
念頭都要清清楚楚」，照他們的說法來思維，應該
是很困難的事。這樣來說空性修習，即是下愚。

佛由離所緣境，故用「念念分明」來說觀修空性，其實亦是權宜，因為很難對學人說清楚，甚麼是「無念」的境界，便唯有權宜而說念念之間的空白為「無念」。其實這空白很難捕捉，所以龍樹便說「**彼空性非他願說**」。甯瑪派修大圓滿前行，亦有觀修呼吸之間的空白，一呼一吸很自然，所以比較容易認識呼吸之間的間斷。不過有些觀修的人，卻將住氣當成是呼吸之間的空白，那就完全不明白「念念分明」，是亦為下愚的修習。

無念的心即是離於所緣境的心，無所緣境才能「**安住虛空之體性**」。那即是說，如來法身的境界可以比喻為行人無念的境界。這樣說是依境相而說，無所緣即無境相，行人無念的刹那亦無境相，故此二者相似，觀修空性亦唯有依此相似而修，因為我們沒有可能觀修為如來法身。但這權宜之教，已可說為究竟，勝於一切下愚修習，因此權宜開許，「**彼等空性之修習，許為虛空之觀修**」，亦即由無念觀修空性，許為觀修如來法身。

【正文】由空性獅子吼聲　　諸言說眾皆畏懼
　　　　不論彼住於何處　　於此於彼空性轉　　（52）

　　　　任誰許識為刹那　　由是亦不立為常
　　　　然若此心為無常　　何以與空性相違　　（53）

　　　　總而言之諸佛陀　　開許心之無常性
　　　　何以彼等仍不願　　承認此心為空性　　（54）

【疏】 佛陀說空,說為「空性獅子吼聲」,即是顯示其為了義。佛家經論有一個不成文的規定,凡說了義,都稱為獅子吼。此獅子吼聲離言說,所以「諸言說眾皆畏懼」。英譯者 Lindtner 用意譯,稱「諸言說眾」為「教條主義者」(dogmatists),有點意思,因為凡落於識境、落於言說來說空,且自以為究竟的人,實在是依宗義而執着,將宗義當成教條。

釋迦所說的空,即是如來法身境界,亦可稱為法界。一切識境都以如來法身為基,適應相礙而隨緣自顯現,所以無論住於何處,實都在法身空性基中生起。一切法必須以基的本性為自性,即無自性,是故一切法空,這是實相,所以應是行人的究竟決定。

若因執宗義而對此不作承許,那就是永遠困自己於識境之中,由是對此究竟決定生起畏懼,由畏懼而謗法,這就是末法時代的情形。

無論依任何宗義,既然心識剎那剎那,即不可以立以為常,可是當說阿賴耶識時,他們卻唯依識境執實阿賴耶識,不肯承認阿賴耶識本初清淨(只認為是「染淨依」),還要替它安立自證分,那就實在是將無常的阿賴耶識,建立得與空性相違;又如說「緣生性空」的人,不提阿賴耶識亦是緣生(習氣、觸、作意三和合),所以於說空時便絕口不提阿賴耶識,由是即等於否定依阿賴耶識轉依,更不要說依此識的觀空了,這就減損了佛三轉法輪時所說的觀修。這些情形應即龍樹之所訶。龍樹說得很

明快，佛開許心的無常性便是空性，這樣的一句話就去除了宗義教條。第54頌便是對這類教條主義者的慨歎。

上來所說的兩種缺失，雖然同落識境說空，但趨向則不同。不知阿賴耶識本初清淨的人，是站在內識的立場說外境空；不知阿賴耶識亦是緣生的人，則唯依外境來說空，所以都落邊見。佛說本性自性空，不須唯依內識或唯依外境來說，所以便不落邊。

本段頌文決定究竟空義，從而抉擇。

【正文】　心自無始以來時　　自性恆常為無有
　　　　　實事自性若成立　　無可開說無自性　　（55）

　　　　　如是上來心教法　　是即斷棄真實基
　　　　　諸法之中無有法　　彼可超過其自性　　（56）

　　　　　此如甜味於甘蔗　　熱乃火之根本性
　　　　　故許種種一切法　　本性悉皆為空性　　（57）

　　　　　演說自性為空性　　並非何種斷滅論
　　　　　此亦並非許為常　　然有說法非如是　　（58）

【疏】　心（阿賴耶識）本始清淨，本無自性，一旦安立自性，即使是由「緣生」來安立「性空」，其實亦是依自性來安立，這樣一來，開許「無自性」便有如虛話，既本無，何須再作開許。釋迦隨順言說，說「本性自性空」這「心教法」，其實不是建立自

性，只是建立本性，由是才能成立如來法身為生起一切法的真實基。為甚麼？因為若說諸法中唯有「自性」才能成立諸法所依的基，今諸法既以本性為自性，那就非以如來法身為基不可。

這樣說，便決定了須依心法性來說空與空性，不能依未超越緣起的心性。所以觀修四重緣起是重重超越，由上一重超越，成立下一重緣起空。必須這樣，才是如理的觀修。

關於本性，執宗義者或會認為：甘蔗的甜、火的熱，都是本性，若以本性為自性，能說甜是蔗自性、熱是火自性嗎？論主於此不壞世俗的本性，只決定說：「**故許種種一切法，本性悉皆為空性。**」這即是世俗法的本性自性空，因為無人能說甜與熱不具空性。甜與蔗、火與熱同時顯現，是即相依，若相依則唯落名言，如依「子」這個名言才有「父」這個名言，上來所說相依已被超越，是故一切法的本性必為空性。

既不壞世間而依本性自性空說一切諸法無自性，即非斷滅，亦不是因為如來法身恆常便許識境諸法恆常，雖然有人並不是這樣認為，所以才有對如來藏的誹謗。

【正文】　緣起事分十二支　　此由最初無明支
　　　　　以至最末老死支　　許「我」猶如夢與幻　　（59）

　　　　　此具十二輻之輪　　轉於輪迴有之道
　　　　　有情除於此之外　　更無他欲行業果　　（60）

　　　　　此即有如依明鏡　　面龐輪廓成顯現
　　　　　此中並無遷轉彼　　然此無有彼亦無　　（61）

　　　　　此如入胎相續蘊　　非於他處生為有
　　　　　然亦非謂有遷轉　　賢者常作此抉擇　　（62）

【疏】　　解頌文前，先引甯瑪派龍青巴尊者在《妙乘藏》中
　　　　對十二緣起的解釋，引文有點長，但其實非常簡要
　　　　而且究竟。

　　　　　　依十二緣起順次流轉，〔有情遂迷失於輪迴
　　　　　中〕：

　　　　　1、　無明：乃三無明之生起，即不能了悟
　　　　　　　悲心力用之本質。

　　　　　2、　行：即形成輪迴之四緣。

　　　　　3、　識：由「行」而生起粗識，此粗識對
　　　　　　　外境種種相皆受用。

　　　　　4、　名色：由「識」因種種業力而生起
　　　　　　　「名」（即五蘊之受、想、行、識）
　　　　　　　及色。

　　　　　5、　六入：由名色生起（六根：眼、耳、
　　　　　　　鼻、舌、身、意）。

6、　觸：六根緣外境（六塵：色、聲、
　　　香、味、觸、法）。

7、　受：由觸生起樂、苦及無苦樂之覺
　　　受。

8、　愛：由受而生起貪「樂」厭「苦」之
　　　心。

9、　取：由愛生起對外境之容受（即追
　　　求）。

10、有：因取而造作諸業及煩惱污染，由
　　　是轉生之因緣已成。

11、生：由「有」故令〔有情〕生於諸趣
　　　中。

12、老死：由生而有少年、老年及死亡。

自無始以來，有情即依十二緣起而流轉於輪
廻。〔例如〕說有情之生命而言，若於第一瞬
間不能了悟自體性，當淨光明消散而中有開始
出現時，此即無明。〔於在生時〕直至外呼吸
斷絕（即生理死亡）止，乃十二緣起順次之推
動。於外呼吸斷絕直至死亡時（內息斷絕），
所出現之種種粗分及微細之消散，乃十二緣起
之逆行，而種種幻象之顯現皆隨之而空，輪廻
亦開始消退。此際首先生起本淨之境象，即法
爾而生之勝義法性（即涅槃）。復次，遂生起
「法性中有」之顯現，此乃涅槃（滅）之緣起

所顯。當下，若不能證悟此勝義自性，則墮輪
迴；若能證悟，則解脫而得涅槃。此二者乃分
別名之為「迷於輪迴」及「解脫得涅槃」。於
「基」及「基之明相」此二者中，無無明，然
以緣起故〔有如晴空之雲〕，及由於〔生起成
輪迴之〕種種不淨分別，有情始漂泊於六趣中
也。[3]

第59頌實由法性來建立十二因緣的顯現，龍青巴的
說法與之相同。一般說十二因緣，僅依心性來說，
所以完全落於識境。例如說無明，只說心性的迷
亂，不知道本來是有情生命「若於第一瞬間不能了
悟自體性，當淨光明消散而中有開始出現時，此即
無明」，這是依心法性而說。若知由心顯現的一切
法本性[4]，心光明便不會消散，在無著的《大乘莊嚴
經論》中，即稱此為「心光」，如言：「由解一切
諸義唯是意言為性。則了一切諸義悉是心光。菩薩
爾時名善住唯識。」無著的說法與上來所說完全相
同，所謂「解一切諸義唯是意言為性」，即是解一
切諸義於心性中「唯是意言」，於解悟此時即見心
法性。[5]

這樣來抉擇「心」，即是抉擇中觀。依心性來觀中
道不究竟，必須依心法性來觀中道，才是究竟大中

3 見許錫恩譯《九乘次第論集》中義成活佛甯波車〈九乘差別廣說〉。台
北：全佛文化，2008年。
4 譯文「自體性」實即「本性」的異譯。
5 「本性自性」、無著所說的「心光」、龍青巴所說的「勝義自性」都是同
義詞。

觀。依心法性而觀，便同時能見如來法身與如來法
身功德，是即已離識境；若依心性而觀，便只見到
因緣流轉的現象，實在未離識境。兩相比較，便知
道對一切現象的本質，在認識上有很大的差異。世
親在《俱舍論》中，認為一切顯現皆緣於業力，是
即依心性而說，離心性即不能以業力為緣。

我們還可以再看一看「緣生」，倘若緣生的根源
（基）是心性，便可以將業力視為緣。這在世間現
象來說，十分合理。美國有兩個小孩，給醫院掉
亂，富家子歸入貧家，貧家子歸入富家，六十年後
才發現，這養在貧家的富家子十分不服氣，他勞碌
終身，至老無依，而本來是貧家的孩子，卻坐擁數
億身家，所以告到法院，要求醫院賠償，成為一場
哄動的官司，這便是業力的運作。這兩個孩子大半
生的觸、受、愛、取、有完全不同，因為他們的心
性完全不同，所以便可以歸於各別不同的業力。若
將緣生歸入法性，無論貧富現象，實在都是以如來
法身為基的法性自顯現，所以平等。當認識心性業
力時，若能同時認識心法性，既不落心性邊亦不落
心法性邊，如是雙運，那就完全看到實相。在識境
中，我們替那本來是富家子的人不平，在智識雙運
境中，則二者皆如夢如幻。二者雙運，即為實相。

所以看到實相，是即「許我猶如夢與幻」，但卻須
同時知道，這個「我」在識境中非常真實，此如人
在夢中，夢境亦十分真實，能這樣見，才是究竟見
空、究竟見一切諸法實相（所以見實相的同時，我

們亦會不平）。當說緣生法時，必須這樣理解。因
此頌文說：「**此具十二輻之輪，轉於輪廻有之道，
有情除於此之外，更無他欲行業果。**」這即是說，
依十二支輪轉，便是輪廻界，有情既依心性，便依
此十二支為生生不斷的欲行、業、果。

以鏡影為例，鏡影中的人面「**面龐輪廓成顯現**」，
但卻並不是將人面搬入鏡影（遷轉），若依心性可
以說鏡影為無有，必須依心法性，才能說人面與鏡
影悉皆無有。人的入胎亦與此相同，並不是將前生
搬入今生，所以不是此處生為無，彼處生為有。由
是即知入胎其實不能說為「有遷轉」，因為這遷轉
並不真實，一如人面與鏡影，遷轉實為無有。若只
認為遷轉真實，那便成立了輪廻的個體，是即成立
生生世世的「我」。

【正文】 總言空之一切法　　由彼生起諸法空
　　　　　行者業果及受用　　勝者說之為世俗　　（63）

【疏】 說言，由「**空之一切法**」生起「**諸法空**」，並不等
　　　　於空法生起空法。「**空之一切法**」指由法性所見的
　　　　一切法，「**諸法空**」則指世俗諸法為空。正由於一
　　　　切法本來即空、本性即空，是為法爾，由此才說諸
　　　　法空性。如是說空方為究竟，說「緣生性空」，上
　　　　來頌文已說是權宜的說法。這即是對中觀見的究竟
　　　　抉擇。

　　　　在這裡要提醒讀者，說本性自性空，是依相礙緣起

而成決定，正由於觀察如來法身上一切識境顯現，是依相礙緣起而任運圓成，才能成立本性自性。這樣一來，便亦可以說是「諸法因緣生」。因此上來抉擇中觀見，也可以說是由緣起來作抉擇。究竟見所見的緣起，層次最高，即落言說亦為究竟。

依上來所說，「空之一切法」為勝義，「諸法空」則為世俗。如是行者、業、果、受用即為世俗，倘如落於相依、相對緣起來說其空性，即使成立為空，亦只是世俗的「諸法空」，這就是小中觀見的缺失，亦即是菩薩乘的缺失，小乘及外道更無論矣。

此說勝義與世俗，亦可以說是勝義菩提心與世俗菩提心，前者為智，後者為悲，究竟而言，則前者是如來法身，後者是如來法身功德，說此二種菩提心，才是本論的作意。

【正文】 猶如鼓聲復如苗　　皆由〔緣〕聚而生起
由是種種外緣起　　許為如夢亦如幻　　（64）

此與諸法由因生　　差別不復成相違
因者因性為空故　　由此故知為無生　　（65）

故一切法皆無生　　此即善說其空性
總而言之諸五蘊　　亦即說為一切法　　（66）

【疏】 論主欲說外緣生起，於是舉鼓聲與苗為例。說因緣和合，舉屋宇由磚瓦木石和合而成，很容易理解，

但若說鼓聲與苗芽亦依因緣而成，一般人便要加以思索才能理解，是故舉之為例。此類緣生雖非由心識顯現（所以說是「外緣起」），亦與心識顯現的世俗諸法相同，是故「許為如夢亦如幻」。這樣說，即簡別了唯識，不須依唯識而知諸法本性自性空，同時亦簡別了中觀，不須依緣生而成立空性。

諸法由因生是一個有諍論的話題，由本性自性空來看，則諍論無有，因為一切立因的差別，只須說其為本性自性空，差別便成無有，在空性中統一了種種立因，充其量只能立如來法身或如來法身功德為因，諸宗外道所安立的生因，或所否定的生因，都總攝於如來法身及其功德之內，以是之故，即可說諸法為無生，以立生因不成故。

龍樹認為，說一切法無生即是善說空性，這是究竟決定。不過，說無生亦有種種異說，此須歸於如來法身與功德而說，依識境諸法任運圓成而說。

頌文至此，已經成立了六句頌中「自心從於無始時，即此空性之自相」兩句。然而，尚有餘說，見於下來頌文。

【正文】　若於真實說而言　　世俗相續不斷滅
　　　　　真實世俗成相離　　是即非為所緣境　　（67）

　　　　　演說世俗為空性　　空性亦唯是世俗
　　　　　若缺其一餘不生　　是如所作與無常　　（68）

世俗依煩惱業生　　業則依於心而生
心由諸習氣積累　　離於習氣始得樂　　（69）

【疏】　若依真實而言，說世俗諸法空並非斷滅，上來已經
　　　　說過，世俗可以說為相續，因為心識相續，所以他
　　　　們其實亦是相續，有如電影、電視的畫面，其實是
　　　　相續，肉眼則看不見畫面轉換時的空白。

　　　　為甚麼空不是斷滅呢？因為從未否定過它們的自顯
　　　　現，只是說它在空性基上自顯現。相續是顯現時的
　　　　狀態，空性則是它的本性，二者不同，不能因為說
　　　　它相續就等於說它斷滅。

　　　　更者，真實與世俗亦從不相離，依智識雙運的心法
　　　　性而見，與依心性而見，兩種狀態實歸為一，將二
　　　　者分開來說，只是為了解說義理，因此即如68頌所
　　　　說：「演說世俗為空性，空性亦唯是世俗。」空性
　　　　與世俗二者缺一，餘者即不生。是即若缺空性即無
　　　　世俗；若缺世俗；即無空性。有如「所作」與「無
　　　　常」，若無所作，即無無常；若無無常，即無所
　　　　作。這亦即是「色不異空、空不異色」。

　　　　世俗諸法依煩惱業生，業依心生，心依習氣積累，
　　　　所以世俗的根源在於習氣。世俗為苦，離苦得樂，
　　　　所以要離於習氣始能得樂。若再究竟而言，能出離
　　　　世間，亦即世間名言句義盡時即得大樂。此大樂生
　　　　於寂靜境界，寂靜境界則出於離名言句義。若於寂
　　　　靜境中能出離世間而見實相，那時便見到如來法身
　　　　功德的生機，見生機即起大樂。於此時際，兩種菩

提心智悲雙運便亦稱為「樂空雙運」。筆者在《心經頌釋》說「樂空唯一如來藏」[6]，即於觀修樂空雙運時說。

【正文】 樂心者是為寂靜 心寂靜即無迷亂
無迷亂即證真實 證真實即得解脫 （70）

真實以及真實際 以及無相與勝義
以至殊勝菩提心 並說之為空性等 （71）

凡諸不知空性者 彼等無有解脫依
愚者於彼輪迴間 流轉六種世界獄 （72）

【疏】 承接上文，說「樂心者是為寂靜」，是故得大樂而心「無迷亂即證真實」，「證真實即得解脫」。所以觀修樂空雙運即是求解脫的觀修。

頌文更說，真實、實際、無相、勝義、殊勝菩提心等都是空性，因為種種異名所說都是同一境界，若能了此，才是由樂空而善知空性。若不依此而說空，但依識境而說，未能由決定樂空而悟知空性，則是輪迴界的愚者，永恆流轉六道，不得解脫。

此餘說的意思，是令讀者認識「樂空」，若不識樂空而唯說空，解脫便成虛幻。復次，所謂樂空亦即是兩種菩提心雙運。此中，「樂」是如來法身功德，因為一切識境都須依之而成立，是即世俗菩提心；「空」是如來法身，因為一切識境都須依之為

---

6 參拙著《心經內義與究竟義》，台北：全佛文化，2005。

基而成顯現，是即勝義菩提心。龍樹《中論》有頌言——

　　以有空義故　一切法得成
　　若無空義者　一切則不成

其密意即是說，空為如來法身，施設為基，因此一切世間出世間法本性自性空，以有此空義，皆悉成就，若無此空義，則皆不成就。對龍樹所說須如此理解，可惜能知此密意者不多，學人仍以「因緣和合」的「緣生性空」來理解龍樹的頌與釋，復依自己的理解來立宗義，由是一盲引眾盲。

二、釋世俗菩提心

【疏】　此由大悲願菩提心說至無上世俗菩提心，統簡稱為世俗菩提心。

行者於證勝義菩提心後，即須觀修世俗菩提心，必須這樣，才能稱為殊勝的「發心」。印度論師對發心非常重視，如無著所傳彌勒的《現觀莊嚴論》，即說二十二種發心；寂天菩薩的《入菩薩行論》甚至提出由「自他交換心」來觀修世俗菩提心，這便是兩個以發心為觀修的顯例。

證勝義菩提心是現證空性智的境界，行者由出離世間而證智，很可能會執持證智而遺忘世間，這時候便須要交替，亦即持空性智的境界來入世。於入世時，雖然現證一切情器世間都如幻如夢，但如幻的一切法，在如幻世間中卻可視為真實。一如鏡影在

鏡中真實，螢光屏中的影像在螢光屏中真實（所以螢光屏中的人可以撥螢光屏中的電話，螢光屏外的人則不能），既然真實，因此世俗菩提心亦必然真實，行者是應觀修。

現在流行「真常」說，說者以為「真常」是自以為空過來的人，回頭建立真常（有）。依此理解，顯然就不知道觀修必須交替，證勝義後回到世俗，只是交替而不是自以為是，回頭有所建立。所以龍樹才說：「若不依俗諦，不得第一義，不得第一義，則不得涅槃。」即使已經由如來法身功德與世俗雙運，證得勝義菩提心，若不回頭再依世俗來觀修，亦不能現證法身與功德雙運的無上菩提心。[7]

觀修世俗菩提心亦有次第，這次第依世間建立，這時不得持空性見來否定世間，那便等於行者住入世間，見世間真實而修，否則一切次第都不能建立。觀修的次第是：1）視一切有情如父母、2）念父母恩、3）對父母報恩、4）生起慈心、5）生起悲心、6）增上大悲意樂，然後得菩提心果。下來頌文，大致上即依此次第而說。

再多說一句，讀下面的頌文時，千萬不可以為龍樹忘記了空性智，唯說世間，恰恰相反，龍樹是說行人持空性智而入世間，自知如幻而作幻事，並不是因為修世俗菩提心就忘記了空性智。同時我們還要記得，此時行人其實已現證如來法身功德與世俗雙

7　參疏文開頭時所說的觀修次第表。

運，觀修的目的，是求現證法身與功德雙運，由是成就無上殊勝菩提心果。

【正文】如前所說空性義　　瑜伽行者作觀修
　　　　無有疑惑而生起　　利益他者樂着意　　（73）

【疏】本頌可以釋惑，明說「瑜伽行者作觀修」是依「如前所說空性義」。可能龍樹當年已有學人不知交替而修的義理，於得空性義後即不屑觀修世俗，所以龍樹再說「無有疑惑而生起」利他心。這是本節頌文的大綱，其重要性上文已說。

【正文】彼等一切有情眾　　曾為父母親友等
　　　　往昔於我作饒益　　我當竭力報其恩　　（74）

　　　　世間獄之諸有情　　所有煩惱熱火燒
　　　　猶如我令受諸苦　　由是理應施予樂　　（75）

【疏】上來兩頌即說念父母恩、對父母報恩。

一切有情都曾為自己父母親友，當然只是假設，但必須如此假設，才能生起平等心。修世俗菩提心須有平等心，這一點十分重要，否則便不能說為菩提心。世人由於習氣，對人對事不能平等，即使悟入如來法身與如來法身功德，由於未現證清淨大平等性，是故有意無意之間便會不平等處事，因此假設一切有情都曾經是自己的父母親友，平等心便容易生起。若觀修我與他人平等，便要依寂天菩薩之所教，修「自他交換心」，那即是「將心比己」，也

即是「己所不欲，勿施於人」。

復次，以地獄有情為例，彼等受「煩惱熱火燒」，是「我令受諸苦」，他們不但是我的父母親友，而且受苦還由於自己，當然必須報恩。這相當於儒家之所說：「一夫之不得其所，若己推而納諸溝中。」有人不能發揮其所長，便認為是自己的過失，有如由自己把他推入溝渠。現在地獄有情受苦既然是我的過失，自然「理應施予樂」。當這樣想時，便會將對自我的貪愛轉移為對一切有情的悲憫。

這樣的觀修非常平實，然而正由於平實，所以學人或不在意，這是好高騖遠的過失。應該知道，佛家許多教法都非常平實，這正是禪家所說的「日用家常」。有僧人從遠道來謁見趙州，趙州叫他「吃茶去」，那便是平實的教法。僧來問法，法即在於日用家常，所以龍樹在這裡所說的觀修，並非膚淺，學人須深深體會。

【正文】世間善趣與惡趣　　　所欲果與不欲果
　　　　皆由利益諸有情　　　或由惱害而生起　　（76）

　　　　有如諸佛依有情　　　成就無上之果位
　　　　梵天帝釋魯達羅　　　依於人天眾資財　　（77）

　　　　彼等世間之依怙　　　唯由利益有情生
　　　　於諸三界之惱亂　　　能得脫離何稀奇[8]　（78）

8　頌77及78應連讀。

地獄畜生及餓鬼　　種種真實之痛苦
有情種種之領受　　皆由損害有情生　　（79）

饑餓乾渴互鬥爭　　以及諸苦之折磨
其無盡境難遮止　　悉為損害有情果　　（80）

應知諸佛菩提心　　以及善趣與惡趣
凡諸有情之成熟　　悉皆分別為二種　　（81）

【疏】　現在說到生起慈心，道名言是「行慈」。

欲對一切有情行慈，令其得樂，則須先思維樂因，此有二種：涅槃界與輪廻界。

於涅槃界，佛依有情成就無上果位，涅槃即是樂因。於輪廻界，則應思維善趣與惡趣的分別。善趣為「所欲果」，是即得樂；惡趣為「不欲果」，是即無樂。前者由利益有情而得樂因，後者由惱害有情而致，是未得樂因。

先說善趣所欲果，以梵天、帝釋、魯達羅三位天王為例，彼等既生天趣，又依有情得享用人天資財，且因利益有情而成世間依怙，是得人天無上果，有如諸佛依於有情而現證菩提心得無上果位。如是，彼等能脫離三界亦不稀奇。這是人天中得樂的例子，所以《阿含經》中有很多說由行慈而生為天王的故事。

再說惡趣不欲果，此如地獄、畜生及餓鬼，所受種種痛苦，皆由損害有情而生起，如是，彼等受苦無盡，實難遮止，此即不得樂因的果報。

由是當知,諸佛菩提心為一種,是涅槃界,亦即勝
義;善趣與惡趣為一種,是輪廻界,亦即世俗。輪
廻界亦分為兩種,善趣為一種,是人天享用果;惡
趣為一種,是三惡道苦果。由不同層次皆可分成兩
種。能知兩個層次不同的二種分別,即能生起行慈
之心,慈心即是令一切有情得樂及樂因。

【正文】 盡諸一切作護持　　如對自身作守護
　　　　 若於有情離軿着　　當勤斷棄猶如毒　　（82）

　　　　 諸聲聞由離貪着　　由是證得劣菩提
　　　　 圓滿佛陀證菩提　　一切有情不捨棄　　（83）

　　　　 觀察其果之生起　　是知利益無利益
　　　　 如是即於剎那間　　尚可住於自利境　　（84）

【疏】　於行慈時,須對有情作護持,如護持自身,若有離
　　　　棄有情想,即當棄此想如棄毒藥。此以聲聞與佛為
　　　　例而說,聲聞離棄有情而修,是故只能證劣菩提
　　　　果;佛不捨棄有情,是故圓證菩提。是即知觀修世
　　　　俗菩提心的重要。

　　　　比較佛果與聲聞果,分別由利益有情或無利益有情
　　　　而得,如是比較,行者即可反省自己的行慈是否精
　　　　進,這樣的反省,亦能令行人住於自利境。所以許
　　　　多聖者都說,不須着意求自利,能作利他,即同時
　　　　住於自利。

【正文】　堅穩植根於大悲　　生起菩提之苗芽
　　　　　菩提利他唯一果　　諸佛子眾應觀修　　（85）

　　　　　於觀修得堅穩者　　由覺他苦之恐怖
　　　　　雖禪定樂亦能捨　　甚或入於無間獄　　（86）

　　　　　此為稀有應讚揚　　此為賢者殊勝道
　　　　　彼施自身與財富　　亦不較此更稀有　　（87）

【疏】　接着的次第是生起悲心。唯有悲心才能生起菩提心
　　　　的苗芽，所以悲心便等於是菩提心的根，是故菩提
　　　　心與利他實同一果。

　　　　這偈頌（85），將菩提心果與利他果說為唯一，便
　　　　完全表達出龍樹的基本見地。他認為，捨棄世俗必
　　　　然不能現證勝義，所以行人絕不應躐等而唯修勝
　　　　義。我們說過：先修如來法身功德與世俗雙運（表
　　　　中的4），是即等於修高層次的世俗菩提心；於更上
　　　　一層時，便將這雙運作為世俗，將如來法身作為勝
　　　　義；然後更修雙運，這藏傳的觀修次第，完全符合
　　　　龍樹的密意。

　　　　若觀修世俗菩提心堅穩，行者由於利他，可以捨禪
　　　　定樂，甚至可以為除眾生苦而入無間地獄，此如地
　　　　藏菩薩即是。龍樹稱讚此為「賢者殊勝道」，與盡
　　　　捨資財與有情，甚至為有情除苦而捨身，如釋迦先
　　　　世曾捨身飼虎、捨身飼飢鷹，二者比較，並不比此
　　　　賢者稀有。

【正文】　由知一切法空性　　　而能依止業與果
　　　　　此比稀有更稀有　　　此比稀奇更稀奇　　（88）

　　　　　彼具救護有情想　　　雖於有際之污泥
　　　　　卻出之而無污染　　　是即有如水蓮瓣　　（89）

　　　　　普賢等等之佛子　　　以其空性智慧火
　　　　　焚起煩惱之柴薪　　　亦以悲心作滋潤　　（90）

　　　　　由悲心力所轉故　　　逝去降生與遊戲
　　　　　捨王位與苦難行　　　大菩提與摧諸魔　　（91）

　　　　　復次轉動佛法輪　　　諸天人之所請問
　　　　　以及如如之涅槃　　　〔佛〕作種種之示現⁹　（92）

【疏】　　現在說到增上大悲意樂。

　　　　行者已知一切法空性，於空性中仍能依止業與果，從觀修的角度來說，甚為稀有。因為行者既已將一切法視為如幻如夢，當然同時亦知業與果如幻如夢，但卻能依止業果而作利益有情的大悲事業，似乎要克服矛盾，因為自己一切所作亦如夢幻，是即何必要作呢。其實問題亦很簡單，行者住於如夢如幻的世間，作如夢如幻事業，那便是真實。佛家從來沒有說過，如夢如幻的事業在如夢如幻的世間不真實，恰恰相反，釋迦在說法時，雖說一切法空，但亦同時譴責過「方廣道人」，說他們執空，無可救藥，那便正因為方廣道人因誤解「方廣」法門而執空，認為如夢如幻即無所作，所以只須住於空性中便能解脫。這錯誤比執自我的人還要大得多。

9　　頌91及92應連讀。

能增上大悲意樂的賢者，於「有際之污泥」中救拔有情，有情即無污染，如水蓮花出泥不染。所謂「有際之污泥」，即是將一切法視為有的世間見，既經超拔，亦能出離世間。

賢者作世間大悲事業，並不影響自己觀修空性，所以頌文以普賢等大菩薩為例，說他們亦須用「悲心作滋潤」，才能用空性智慧火來焚燒煩惱薪。為甚麼以普賢菩薩為例？因為普賢為大願菩薩，其大願即出於悲心，同時，「普賢」這名號即表義世間，世間一切法能得成就，是即為「賢」，周遍一切世間成就一切法，那便是「普賢」，是故於廣修世俗菩提心時，即以普賢菩薩為例。

91，92兩頌應連讀，是說釋迦示現成佛。顯乘說釋迦八相成道：1）降兜率、2）入胎、3）出胎、4）出家、5）降魔、6）成道、7）說法、8）涅槃。此即頌文之所說。密乘有十二相成道之說，不見於論頌，今不說。

【正文】梵天帝釋遍入天　　魯達羅等化身相
　　　　調伏諸趣之加行　　衍為大悲自性舞　　（93）

　　　　以彼厭惡輪迴道　　故說大乘令休息
　　　　由是生起兩種智　　然所說者非勝義　　（94）

　　　　直至佛陀未勸誡　　彼等聲聞仍安住
　　　　昏沉勝轉三摩地　　乃至具其智慧身　　（95）

　　　既勸誡則以諸相　　成為躭着有情事
　　　積聚福德與智慧　　由是證得佛菩提　　　（96）

【疏】　頌文先說令梵天、帝釋、遍入天、魯達羅等天王增
　　　上大悲意樂。

　　　諸天天王由悲心而得善趣果，且依報莊嚴成一天之
　　　主，依然不失悲心，為眾生依怙。由於他們的教
　　　法，充其量只能令人生於人趣及天趣，所以佛家許
　　　其為「人天乘」，未入解脫道，但可以視為是解脫
　　　道的加行。因此佛教從不鄙薄世間的宗教信仰，只
　　　是說其為「調伏諸趣之加行」。世人可先入人天
　　　乘，然後再轉入大乘，成解脫道。天王之所作，可
　　　以說為大悲自性舞，即是以大悲為自性的遊戲。舉
　　　凡世間一切法的顯現，都可以說為「舞」，亦即遊
　　　戲。

　　　佛時的人天乘都厭輪迴道，亦說求解脫，只是其解
　　　脫實非解脫而已。今時的人天乘，強調崇拜一神，
　　　只能說生天堂便是解脫，不似勝論師、數論師等亦
　　　說涅槃，然而無論如何，亦應為其建立大乘道的教
　　　法，令其心識得休息，生兩種智。

　　　一切依哲理來建立的外道本亦有兩種智，一種認識
　　　真實，一種認識世間。以勝論師為例，他們建立六
　　　句義：實、德、業、同、異、和合，此中的實，他
　　　們便認為須用認識真理的智慧來理解，所以稱之為
　　　實諦、所依諦（其實應該叫做能依諦）；其餘五句
　　　義說世間現象種種，則可用方便智來理解，所以稱

為依諦（其實應該叫做所依諦），即依於所依諦的諦。

佛為求方便，便說大乘道令其心識休息，亦即令其心識脫離句義而自在，而且能令其依自己本來的兩種智，得證依大乘教法而得的兩種智，是即權智與實智，所以法華宗據印度論師所傳，說古來印度諸宗部，即據此二智來宣揚他們的教法。權智，即方便智，亦即權宜建立方便道的智慧，是入世間智；實智，即認識真實道理的智慧，是出世間智、解脫智。

如是二智建立並非勝義，只是為接引外道而隨順建立的方便法。

依《十八空性論》，釋迦尚說如理智及如量智。如理智指了悟勝義諦的智慧，如量智指了悟世俗諦森羅萬象差別的智慧。若依佛密意，悟入如來法身智為勝義，悟入如來法身功德為世俗，如是方為究竟。

頌文接着說令聲聞眾增上大悲意樂。

聲聞眾住入寂滅定，令心識的功能不起，由是亦可說得智慧身，彼等即住於定中，有如昏沉，但因依佛四諦教法而修，是故亦可說為勝轉（殊勝地生起，凡由心識生起者皆稱為「轉」）。佛於是教以認識世間　切法相，他們才捨寂滅定而入世間，生起悲心，積聚福德資糧與智慧資糧，由是得佛菩提。

【正文】　以具兩種習氣故　　習氣即說為種子
　　　　　種子者為事聚集　　輪廻苗芽由是生　　（97）

　　　　　世間怙主諸教法　　隨順有情之思惟
　　　　　世間可有多方便　　成為各各多樣相　　（98）

　　　　　甚深廣大之區分　　或可具足兩性相
　　　　　雖亦可作各別說　　不區別即空無二　　（99）

【疏】　　由此處起，說菩提心果。

　　　　一切有情都具兩種習氣，即業習氣與二取習氣。由
業習氣薰習的業種子，由二取習氣薰習的二取種
子，都藏在阿賴耶識中，由於兩種習氣同俱，於是
即有「異熟果」生起，是即輪廻而成的後身。因此
可以說種子是「事聚集」，輪廻苗芽即由是而生。
這即是說，由於習氣，有情即長時住於事聚集中，
亦即長時住於將一切法執實為有的世間中，由是輪
廻不斷。

　　　　佛依有情根器，隨順其思惟，由方便說世間，成各
各多樣相。

　　　　佛一切教法可分為甚深與廣大二種。以甚深法說勝
義空，以廣大法說世間有。若分作二門，前者即是
中觀，後者即是法相。在世間分別宣揚此二法門
的，是龍樹與無著二大車。若未究竟時，空有二門
有區別，是故對中觀與法相可別別說法。若將二者
融攝，即是說空無二的不二法門，這是文殊菩薩宣
揚的教法。至於釋迦之所說，則為《勝鬘》與《維
摩》等一系列如來藏經典，是了義說。今龍樹說菩

提心，實亦顯示「不區別即空無二」的密意。

所以無上勝義菩提心，亦可方便分為兩份（二相），勝義菩提心與世俗菩提心。二者若作區別，則為勝義與世俗二性相；二者若不作區別，則是唯一，亦即勝義與世俗菩提心雙運。異名為不二法門、如來藏。

【正文】　各種總持別別地　　諸佛波羅蜜多等
　　　　　彼為菩提心一份　　此乃一切智所說　（100）

　　　　　如是依於身口意　　常作饒益諸有情
　　　　　諍論空性之言說　　非為諍論斷滅見　（101）

　　　　　不論輪迴或涅槃　　諸殊勝者皆不住
　　　　　是故諸佛乃演說　　無住涅槃以名之　（102）

　　　　　與悲同味乃福德　　空性之味則殊勝
　　　　　成就自利與利他　　任誰飲此即佛子　（103）

　　　　　以遍一切作頂禮　　是為三有恆應供
　　　　　佛陀種姓表表者　　彼為世間之導師　（104）

【疏】　佛說種種法異門，故有別別總持，此如佛於二轉法輪說波羅蜜多，實在都是說菩提心的一份。龍樹強調一切法異門都是一切智所說，所以對一切法異門都不應菲薄與誹謗。這是告誡依高次第見地而觀修的行人，不應菲薄下乘行人。大概龍樹也沒有料到，如今末法時代，是下乘次第的行人誹謗究竟見。

佛與菩薩以身、語、意饒益有情，此中於空義多所諍論（至少龍樹的時代已經是這樣），龍樹說，諍論空見並不是諍論斷滅見，而是諍論究竟與不究竟。知空性見的究竟義，便不會但求住於空性，佛的涅槃都無所住，即如眾生的輪迴亦無所住，佛示現為輪迴相，當然亦無所住，因此佛之所住名為「無住涅槃」，這便是佛的內自證智境，亦即無上勝義菩提心的境界。

學佛的行人，由大悲得積福德資糧，由空性得積智慧資糧，前者利他，後者自利，二者同時。能飲此二利甘露即是菩薩，所以大菩薩具有大願，同時具有大智，由此而成大斷，斷諸分別、斷諸戲論而現證唯一解脫道。

第104頌，讚頌佛陀為「三有恆應供」、「種姓表表者」、「世間之導師」。此中對「種姓」二字今人極須留意，否定如來藏的人亦否定佛種姓，是與龍樹相違。

三、釋菩提心雙運

【疏】　欲圓滿證菩提心，須知二種菩提心雙運，雙運不是合二為一，亦不能說為融匯，此有如手掌與手背，不一不異。二者功能不同，是故不一；二者同為一手，是故不異（在經文漢譯，「異」取「異離」義）。本節論頌即說其理。

【正文】依據大乘之說法　　菩提心為最殊勝
　　　　平等順次第精勤　　由是生起菩提心　　（105）

　　　　欲證自利及利他　　有境外更無方便
　　　　除此菩提心以外　　佛陀亦無餘方便　　（106）

【疏】　依佛乘說法，應以菩提心為究竟，是故最為殊勝。
　　　　對這句話，當然不能用「智悲雙運」的層次來理解
　　　　菩提心。上來已說，無上菩提心是如來法身與如來
　　　　法身功德雙運，是即如來藏境界。若以如來法身功
　　　　德與世俗雙運，則離究竟尚隔一層，但亦可稱為殊
　　　　勝，龍樹所說應即據此義而言來說。

　　　　觀修無上菩提心、殊勝菩提心不二，所以論主說要
　　　　「平等順次第精勤」觀修，由是始能「生起菩提
　　　　心」。今人認為自己已悟入空性，只須做點大悲事
　　　　業，便已能生起菩提心。他們於講學時，依自己的
　　　　理解來教導學人，可是卻強調「甚深、甚深」，那
　　　　是依經論斷章取義來文飾自己的膚淺，筆者對此並
　　　　非指責，只是痛心。所謂「平等順次第精勤」，那
　　　　是告誡學人不可躐等。若依甯瑪派的教法，大致上
　　　　其次第應為：生起次第 → 圓滿次第 → 生圓雙運。
　　　　於修生圓雙運時所持的見地不同，又分三個層次：
　　　　願行菩提心（智悲雙運）→ 殊勝菩提心（如來功德
　　　　與世俗雙運、樂空見）→ 無上菩提心雙運（如來法
　　　　身與功德雙運、大樂與空性雙運），此亦稱為不二
　　　　法門、如來藏。

　　　　論主復強調，菩提心須不離世間而修，所以說「有

境外更無方便」。「有境」,即是成立諸法成為有
的基,是即如來法身與法身功德雙運。論主讚歎:
「除此菩提心以外,佛陀亦無餘方便。」依此方
便,即得解脫涅槃。

【正文】 僅由發起菩提心　　福德聚即可獲致
　　　　然而若此具形相　　盈滿虛空尚有餘　　（107）

　　　　任誰若於一剎那　　對菩提心作觀修
　　　　由是福德之積聚　　即使佛陀亦難量　　（108）

　　　　無有煩惱之寶心　　是為唯一殊勝寶
　　　　無煩惱魔及盜賊　　亦無掠奪之損害　　（109）

【疏】　上來三頌為稱讚福德。一稱讚發起菩提心,福德盈滿
　　　　虛空;二稱讚觀修菩提心,即修一剎那亦得大福德
　　　　聚。能發起或觀修菩提心,論主稱之為「寶心」,所
　　　　以為「寶」,是能離煩惱。離世間名言句義,習氣
　　　　不成積累,是則能離煩惱,雖作煩惱行,亦能藉煩
　　　　惱之力用而反得菩提,故說無魔、無盜賊、無掠奪
　　　　之損害。

【正文】 世間輪廻諸佛陀　　以及菩薩之發願
　　　　如是不動之心念　　作令灌注菩提心　　（110）

　　　　無論汝覺何稀奇　　此中所說應精勤
　　　　於此之後普賢行　　成就自己之通達　　（111）

【疏】　諸佛及大菩薩發願不捨輪廻,為眾生怙佑,雖落世

間而心不動，此如第八不動地以上的菩薩，無論作何種示現，如《華嚴經》所說，示現為妓女、惡王、外道，其法身依舊，此即因菩提心灌注之故。持菩提心，心不動搖，不昧因果而超越因果。

後一頌鼓勵學人精勤，心得菩提心灌注甘露，是即能作普賢行。據《華嚴經・離世間品》，普慧菩薩向普賢菩薩問法，作二百問，普賢對每一問皆作十答，是故即有二千普賢行法。依性質分類，可分為十信行、十住行、十行行、十回向行、十地行、究竟位行。

四　論主回向

【正文】　諸勝作讚歎　讚歎菩提心
　　　　　我今已獲得　無邊諸福德
　　　　　於此輪迴海　波濤中沉沒
　　　　　願有情依止　兩足尊之道　　　　（112）

【疏】　論主回向言，諸佛讚歎菩提心，我今聞法已獲無邊福德，願有情依「兩足尊」（佛）之道，脫離輪迴苦海。

全論頌文至此圓滿，譯者疏者隨喜龍樹回向。

附錄

附錄一：《菩提心離相論》[1]

龍樹論師　造
施護　譯

歸命一切佛，我今略說菩提心義。

至誠頂禮彼菩提心，如勇健軍執勝器仗，其義亦然。而彼大菩提心，所有諸佛世尊、諸菩薩摩訶薩，皆因發是菩提心故。我發菩提心亦如是所成，乃至坐菩提場成正覺果，是心堅固。又此菩提心，是諸菩薩總持行門，如是觀想、如是發生。我今讚說菩提心者，為令一切眾生息輪迴苦，未得度者普令得度、未解脫者令得解脫、未安隱者令得安隱、未涅盤者令得涅槃，為欲圓滿如是勝願故，安立自相正體因故，入第一義真實觀故。

彼菩提心無生自相，是故今說。所言菩提心者，離一切性。（1）

問曰：此中云何離一切性？答謂：蘊處界離諸取捨，法無我、平等，自心本來不生，自性空故。此中云何謂我？蘊等有所表了，而分別心現前無體，是故若常覺了菩提心者，即能安住諸法空相。（2）

1　大正・三十二，no. 1661。

又復常所覺了彼菩提心，以悲心觀大悲為體，由如是故，於諸蘊中無我相可得。（3）

有諸外道，起非相應行，執相分別，謂諸蘊有非無常法，而實非彼我相可得。（4）

諸法任持真實性中，不可執常，亦非無常。於我蘊中，名尚無實，況復有作及諸分別？（5）

若言有一法乃至有諸法，作此說者，世間心轉隨世間行，彼非相應為常行相，此義不然。（6）

是故，當知諸法無性，若內若外不可分別。彼能執心而有何因。謂不能離隨世間相。（7）

若因若相是二無別，此即非常亦非能執，當知心性不可執常，是故彼性無常是常。（8）

若知彼性是無常者，當何所作從何所生取我等相，若離世間即於蘊中無有障礙。（9）

若處若界覺了亦然，取捨二法即不可得。（10）

此中言蘊者，謂色受想行識，此說為五蘊諸聲聞人於是中學。（11）

復次當知，色如聚沫，受如浮泡，想如陽燄，（12）

行如芭蕉，識如幻士。此五蘊義，佛二足尊為諸菩薩如應宣說。（13）

所言色蘊者，今略示其相，謂四大種及彼所造，說為色蘊彼非色者，謂即所餘受想行三。（14）

諸教應知識蘊行想如下當說。此中言處者，謂內眼等處。外色等處，此說為十二處。此中言界者，謂眼根等界，眼識等界，色等境界，此說為十八界。（15）

如是蘊處界離諸取捨，無方無分不可分別。（16）

分別見者是義不然，隨起分別即有所着，彼復云何而得相應？若有一相見外義者，（17）

當知此為破智所轉，意長養色。（18）

是義云何？應知如是非一非異。（19）

有諸外道波哩沒囉惹迦等，隨諸異見起三分別。（20）

是義不然。如人夢中造殺害事，而彼所作無實行相。又如人夢居最上處，而彼亦非殊勝行相。（21）

此義云何？謂識光明破取捨相故，識法如是外義何有。（22）

是故諸法無有外義，當知一切色相所表，自識光明色相照耀。（23）

如人見彼幻化陽燄乾闥婆城取以為實，諸無智人以愚執心，觀色等實亦復如是。（24）

由此我執是心隨轉，如先所說蘊處界義。應知離彼諸分差別，唯心分位所施設故。而種種相唯心所現，此義成就如成唯識說。（25）

此中問言，前說五蘊識，云何自相？答：如說心義識亦如是。（26）

如佛世尊常作是說，應知一切唯心所現。此義甚深，諸愚癡者不能了故，不見真實。（27）

是故若能空其我相，即於是心不生分別。起分別者謂邪教故，彼所建立是義不成。（28）

如實義者見法無我，是大乘中法無我義。自心本來而不生故，隨有所生亦復平等。（29）

自心增上入真實義，瑜伽行門所出生故。此中應知，彼後所依而無實體，此即名為淨心現行。（30）

若過去法過去無實，若未來法未來未至，若現在法現在不住，於三世中當云何住。（31）

如軍林等多法成故，應知識者是無我相，彼識亦非為所依故。（32）

若於諸法如是見已，猶如赤雲速疾散滅。是故當知，若法有者從思所現。（33）

阿賴耶識亦復如是，諸有情類若來若去，法爾如是。（34）

譬如大海眾流所歸，阿賴耶識所依亦然。（35）

若有如是觀彼識者，即不可有分別心生，若彼各各如實知者。（36）

而彼彼名復云何說？若彼各各知諸物性，即彼各各不能稱說，作此說者是決定語。（37）

是故諸法亦決定生，於一切事隨轉成就。（38）

能知所知是二差別，所知若無能知何立，二俱無實法云何得。（39）

是故應知，所言心者而但有名，彼名亦復無別可得，但以表了故，彼名自性亦不可得。（40）

以是義故，智者應當觀菩提心自性如幻，若內若外及二中間求不可得，無法可取無法可捨。（41）

非形色可見非顯色可表，非男女相非黃門相，不於一切色相中住。（42）

無法可見非眼境界，唯一切佛觀察平等。若心自性若無自性，平等法中云何得見？（43）

所言性者名分別故，若離分別心性俱空，若有分別可見心者。此中云何說名為空？（44）

是故應知，無能覺無所覺，若能如是觀菩提心，即見如來。若有能覺及有所覺，而菩提心不可成立。（45）

是故無相亦復無生，非語言道而能稱讚。又菩提心者猶如虛空，心與虛空俱無二相。（46）

此說心空空智平等，佛佛神通佛佛無異。所有諸佛三世事業，一切皆住菩提界中之所攝藏。（47）

雖所攝藏彼一切法而常寂靜，亦復觀察，是無常法猶如幻化，非所攝藏調伏三有，住空法故。（48）

一切無生此說為空，一切無我亦說為空。若以無生及彼無我觀為空者，是觀不成。（49）

若染若淨二種分別，即成斷常二種見相。若言以智觀彼空者，是空亦復無別有體。（50）

是故菩提心離諸所緣住虛空相。若觀虛空為所住者，是中即應有空有性，二名差別故知空者。（51）

猶如世間師子一吼群獸皆怖，如空一言，眾語皆寂。故知處處常寂彼彼皆空。（52）

又復識法是無常法從無常生，彼無常性即菩提心，此說空義亦不相違。（53）

若無常性即菩提心者，若愛樂菩提是心平等，而亦不說愛樂彼空。取空之心當云何得？（54）

當知本來自性真實，一切成就菩提心義。又復應知物無自性，無自性性。（55）

是此說義，此所說者是心云何？若離我法即心不住，此非一法亦非諸法，各各自性而自性離。（56）

如世糖蜜甜為自性，又如火者熱為自性，彼諸法空，自性亦然。（57）

彼諸法性非常非斷非得非離。（58）

以是義故，無明為初老死為後，諸緣生法之所成立，猶如夢幻體亦無實。（59）

由此說為十二支法，即此亦名十二支輪。循環轉彼生死門中，而實無我無別眾生，無三業行果報差別。（60）

若於是中了緣生法，即能出離諸境界門。（61）

彼非行相不壞正因蘊所生故，輪迴後邊非行相故。
（62）

一切無持空空生故，法法平等造因受果。是佛所說，所有諸法聚類所生。（63）

如擊鼓有聲，如殖麥生芽，諸法聚類其義亦然，如幻如夢緣生所現。（64）

諸法因生而亦無生，因因自空而何所生，是故應知諸法無生。（65）

即此無生說名為空，如說五蘊蘊性平等，彼一切法亦如是念。（66）

若有說空如真實說，而所說空體亦非斷，非斷體中實亦不可得。（67）

說體為空空亦無體，若了無實作者無常。（68）

諸煩惱業積集為體，是業亦復從心所生，心若無住業云何得。（69）

如快樂心是寂靜性，彼寂靜心而不可取。諸有智者能實觀察，彼見實故而得解脫。（70）

又菩提心者最上真實，此真實義說名為空，亦名真如亦名實際，是即無相第一義諦。（71）

若不了知如是空義，當知彼非解脫分者。於輪迴中是大愚癡，輪迴行人六趣流轉。（72）

若有智者能如實觀彼菩提心與空相應，如是觀已乃能成就利他智慧無礙無着。（73）

是即知恩報佛恩者，常以悲心普觀眾生父母眷屬有種種相。（74）

煩惱猛火常所燒燃，使諸眾生輪迴生死，如所受苦念當代受，如和合樂念當普施。（75）

復觀世間愛非愛果。善趣惡趣，饒益不饒益，隨眾生轉，而諸眾生本來無得，隨智差別起種種相。（76）

所有梵王帝釋護世天等，若天若人一切不離世間相故。（77-78）

又復觀察所有地獄餓鬼畜生，是諸趣中一切眾生，無量無數種類色相，不饒益苦常所隨轉。（79）

饑渴所逼，互相殺害互相食噉，因如是故不壞苦果。（80）

諸佛菩薩，如實能觀善趣惡趣一切眾生，諸業報事自相如是。（81）

如所觀已起方便心，善護眾生令離諸垢。（82）

諸菩薩由此以大悲心而為根本，以彼眾生為所緣境，是故諸菩薩不著一切禪定樂味，不求自利所得果報，過聲聞地不捨眾生。（83-84）

修利他行發大菩提心，生大菩提芽求佛菩提果。（85）

以大悲心觀眾生苦，阿鼻地獄廣闊無邊，隨諸業因苦報輪轉，此種種罪受種種苦。菩薩悲心念欲代受。（86-87）

此種種苦有種種相，說無有實亦非無實。若了知空即知此法，隨諸業果如是順行。（88）

是故諸菩薩為欲救度諸眾生故,起勇猛心入生死泥。雖處生死而無染着,猶如蓮華清淨無染。(89)

大悲為體不捨眾生,空智所觀不離煩惱。(90)

是故菩薩以方便力示生王宮,踰城出家苦行修道,坐菩提場成等正覺,現神通力破諸魔軍。(91)

為度眾生轉大法輪,現三道寶階從天下降起諸化相,隨順世間入大涅盤,於其中間現諸色相。(92)

或作梵王或為帝釋,若天若人隨諸相轉,如是種種示現諸相,是故得名救世導師,此等皆是諸佛菩薩大悲願力。(93)

調伏世間悉令安住相應勝行,是故於輪廻中不生退倦。(94)

從一乘中說二乘法,一乘二乘皆真實義。若聲聞菩提,若佛菩提,智身一相,三摩地一體。(95)

雖有所說是說非說,或有說為種種相者,但為引導諸眾生故。若眾生得利,而佛菩提福智平等,而實無有二相可住。(96)

若有住相即為種子,彼種子相聚類所生,是故增長生死芽莖。(97)

如佛世尊常所宣說,破彼世間種種行相,但為眾生作諸方便,而實非破。(98)

若離分別比義甚深,甚深義中無有二相,雖說有破此亦非破,於空法中無有二相。(99)

　　諸法任持自性真實，智波羅蜜多是即菩提心，菩提心者除一切見。（100）

　　是故當知，諸身語心是無常法，但為眾生作利益故，此中言空空而非斷。（101）

　　此中說有有亦不常，是故無有生死亦無涅盤，而悉安住無住涅盤。（102）

　　諸佛世尊咸作是說，悲心所生無量福聚，彼即最上真實空理，諸佛威神之所出生。自利利他二行成就。（103）

　　我今頂禮彼一切性，我常尊敬彼菩提心，願所稱讚佛種不斷，諸佛世尊常住世間。（104）

　　而菩提心者大乘中最勝，我於此心安住正念。又菩提心者，住等引心從方便生。（105）

　　若了是心生死平等，自利利他二行成就。又菩提心者，離諸見相，無分別智真實而轉。（106）

　　諸有智者發菩提心，彼獲福聚無量無邊。（107）

　　又復若人於一剎那間，觀想菩提心，彼獲福聚不可稱量，以菩提心非稱量故。（108）

　　又菩提心寶清淨無染，最大最勝最上第一，不能壞非所壞真實堅固，能破煩惱等一切魔。（109）

　　滿諸菩薩普賢行願。（110）

　　又菩提心者。是一切法之所歸趣，所說真實離諸戲論，是即清淨普賢行門。離一切相，此如是說。（111）

我所稱讚菩提心　如二足尊正所說
而菩提心最尊勝　所獲福聚亦無量
我以此福施眾生　普願速超三有海
如理如實所稱揚　智者應當如是學　（112）

菩提心離相論

附錄二：《菩提心觀釋》[1]

蓮花戒　造
法天　譯

歸命本師　大覺世尊　我今略釋　菩提心觀

如佛所說，從心生一切法。我今當議彼菩提心。云何性？答：離一切性。云何一切性？謂蘊處界等性。彼菩提心離取捨故，則法無我自性平等，本來不生自性空故。

所言一切性者，是我等性，謂我人、眾生、壽者、補特伽羅、摩拏嚩迦等性，而彼等性非菩提心。於意云何？謂彼我等，而於自性離一切相中而生我見，從我見生一切煩惱此不生彼心。或言蘊處界等亦離取捨，謂蘊處界等性真實理不可得故。

云何色相等無實？謂色蘊四大合成故。四大者，即地水火風界。復生五色謂色聲香味觸，彼地大等及五色等，一一各自性不可得，如是諸法皆然。是故知色名虛假，由此知色蘊空，譬如因樹有影樹滅影亡。

色蘊如是，受蘊亦然。云何名受？受有三種，謂苦受樂受非苦樂受，而此三受互相因緣。復有二種，謂身受意受。身色蘊攝。身不可得故，若無身即無受，亦不可言亦不可說非短

1　大正・三十二，no. 1663，佚名。依藏傳，此論為蓮華戒造。

非長，非色非相，無實無着，不可知故。身受如是，意受亦
然，受蘊如是。

見受蘊空，想蘊亦虛假不實。緣慮所攝，而彼緣慮不可
得故，即非緣慮。非緣慮故，見想蘊空想蘊如是。行蘊亦然。
心所造作善意記念等行，無所有故，彼心法所生色等蘊一一無
所生，是故知行蘊業相不實亦無主宰。即見行蘊空行蘊如是。

識蘊亦然，乃至眼耳鼻舌身意，彼眼識等一一自性皆不
可得。彼眼緣有色，從緣生識，無緣即不生識，而此眼色及彼
色蘊等無分齊。此分別眼色即非眼色，識無所生。眼識如是，
耳鼻舌身意亦然。如是知此識依止摩曩識。

由依止摩曩識故，即發生過去未來見在法故。云何過去
未來見在法？謂過去已滅，未來未生，見在不住。由是知識蘊
空，如是一一說蘊處界，各各分別自性皆空，彼非無性即真實
句，喻無種子不生芽莖。是故說彼蘊處界等，亦離取捨。云何
菩提心無取無捨？

如佛所說，告秘密主，彼菩提心。如來應正等覺了知彼
心，非青非黃，非赤非白，非紅色非頗胝迦色，非短非長，非
圓非方，非明非暗，非女非男，非黃門等。

又秘密主，菩提心非欲界性，非色界性，非天性非夜
叉，非乾闥婆非阿修羅，非人非非人等性，乃至一切智求亦不
可得，如是取心非有。云何言有捨故？

又如佛說，告秘密主，菩提心非內非外非中間，不可得
故。於意云何？以自性寂靜故。

又秘密主，彼菩提心一切智求不可得，云何得取捨？如

是於法得離取捨，平等無我，

　　如一切法無我亦然。如佛所說，菩提心亦然。一切法空無相無我，諸法寂靜無寂靜相。心本平等，本來不生亦非不生。復云何性？答曰空性。空云何性？謂如虛空故。如佛所說，虛空之性空無喻故，菩提之心亦復如是。菩提之名非性非相，無生無滅，非覺非無覺。若如是了知。是名菩提心。

　　又如佛說，告秘密主，於自本心如實了知，於無有法亦不可得，是故名阿耨多羅三藐三菩提。

　　又告秘密主，當於自心如實觀已，然後發起方便觀於眾生，知諸眾生於自覺性不如實知，起於疑妄顛倒執着，受於種種輪廻大苦，我由此故起大悲心，令諸眾生於自心法如實證覺，是即名為菩提心，是名利益心、安樂心、最上心、法界善覺心。以如是智，攝諸眾生故，名菩提心。發此心故，所獲福德亦如虛空無有邊際，其功德海亦復無量，雖復劫盡功德無盡，如是名為發一切智根本最上菩提心。

　　《菩提心觀釋》一卷

附錄三:《菩提心釋》於
達波噶舉大手印傳承之重要性[1]

Klaus-Dieter Mathes　著

邵頌雄　譯

談錫永　按

提要

《菩提心釋》題為密乘的龍樹[2]所造,論中以勝義菩提心為直證空性,並隨許此為究竟,一如三轉法輪諸經論〔所許〕。對以三轉法輪為了義的行者而言,以《菩提心釋》為龍樹的終極立場,尤為重要。本論文提出郭譯師童吉祥('Gos lo tsā ba zhon nu dpal, 1391-1481)及他的弟子第四世夏瑪巴法稱智(Zhwa dmar pa chos grags ye shes, 1453-1524)依循此教法傳統,肯定三轉法輪的究竟,即離能所二取而直證之空性。從達波噶舉派的大手印(Mahāmudrā)立場而言,不許把心建立為

1　譯按:本文譯自Klaus-Dieter Mathes, "The Role of the *Bodhicittavivaraṇa* in the Mahāmudrā Tradition of the Dwags po bka' brgyud", 收 *Journal of the International Association of Tibetan Studies*, no.5 (December 2009):1-31。

2　譯按:西方的佛學研究,自上世紀中葉由維也納學派的Erich Frauwallner 提出有兩個世親(Vasubandhu)之說,以解釋同一論師何以分別依經量部(Sautrāntika)和瑜伽行派(Yogācāra)的觀點造論之疑問,繼而即有不少學者拾其牙慧,提出兩個龍樹、兩個馬鳴等說法,以為便可以圓滿解釋與他們認知不同的發現。此《菩提心釋》即是一例,當中因為於序分提到密咒道的修持,而立時被質疑是否造《中論》之龍樹所寫。然而,印度中觀的傳統,卻未曾對此有所懷疑。清辯(Bhāvaviveka)、無性(Asvabhāva)、寂護(Śāntarakṣita)等論師,皆以此論為龍樹所造而引用之。西方學者Christian Lindtner亦認為此論可歸類為中觀師龍樹的作品。對於此論文所謂兩個龍樹之說,論據不明,應作商榷。復參下來註4。

實有，如將自證分或圓成自性等建立為實事，〔皆有違大手印的傳規〕。

編按： 本文作者未詳細討論是否有二龍樹，一為中觀龍樹，以二轉法輪為究竟；一為密乘龍樹，以三轉法輪為究竟。若依了義大中觀，二轉法輪的深般若即等同三轉法輪的如來藏，是即可以承認一龍樹可說兩種法，一如一位釋迦可說無量法異門。

若唯依「緣生性空」來建立空性，未離依他，是即未離能所，故不能說為究竟，否則連釋迦亦未離因緣，永住於有為法中。深般若則已超越緣生，證入法性，是即離能所而直證空性。因此可以說，二轉法輪的究竟便等同三轉法輪。

將自證分及圓成自性說為實事，只是唯識今學的建立，非彌勒瑜伽行建立，亦非二轉、三轉法輪的建立，否則瑜伽行古學便不須用勝義無自性來超越圓成自性。

緒言

〔印藏佛家〕傳統，謂龍樹（約公元200）[3]就菩提心造一非常有意思的釋論，題為《菩提心釋》（*Bodhicittavivaraṇa*）。此論原來梵本已佚，但由於慈護（Maitrīpa,1007-85?）的《五行相》（*Pañcākāra*，見下來討論）曾引用《菩提心釋》的第

3　Erich Frauwallner, *Die Philosophie des Buddhismus*, 3rd ed. (Berlin: Akademie Verlag, 1969), 170.

57頌，是故亦有理由相信此論最晚於十一世紀於印度流通。[4]
由 於 《 菩 提 心 釋 》 的 開 首 引 用 《 集 密 續 》
（*Guhyasamājatantra*）〔偈頌〕，是故造論者可能是來自聖者
傳承的密乘龍樹。姑勿論如何，此可確定《菩提心釋》非由
《中論》的造論者所造。[5]

不用說，藏傳各派無一承許如此〔對龍樹的〕區分；西
藏無人懷疑《中論》的論師亦能寫下《菩提心釋》。這是令人
意外的，因為《菩提心釋》與龍樹《中論》及其他闡釋二轉法
輪（Dharmacakra）教法之理聚論，分別甚大。[6]《菩提心釋》
把空性等同真如及無上菩提心（*bodhicitta*[7]，見下來討論），且
一如三轉法輪諸經論，表詮諸法異門而隨許此〔菩提心〕為究
竟。歷來對於龍樹何以用各種不同的法異門觀待空性，有着不
同的解釋。西藏佛教的主流意見，依循月稱（Candrakīrti，七
世紀）的路向，把二轉法輪無自性之教法視為所有表詮究竟之
背後真義。然而，亦有將三轉法輪之教法視為了義，而以
《菩提心釋》來定義龍樹〔對究竟〕的立場。後者之立論，除
見於覺囊派（Jo nang pa），視《菩提心釋》為他們飽受爭議的

4　《五行相》以長行寫成，但間中亦有偈頌。這些偈頌亦見於
他處（如《五行相》頌2即慈護（Maitrīpa）《大乘三十頌》
（*Mahāyānaviṃsikā*）頌19；《五行相》頌3亦即慈護《五如來手印分別》
（*Pañcatathāgatamudrāvivaraṇa*）頌21；《五行相》頌4即《菩提心釋》頌
57。慈護未有明言引用，然此未足以抹除《菩提心釋》的作者引用《五行
相》頌4的可能性。

5　除非龍樹活了六百年。譯按：清辯為六世紀人，而龍樹則為三世紀。即使
《菩提心釋》非龍樹所造，Mathes此說亦是過於誇大，因為清辯即曾引用
《菩提心釋》，此即最遲於六世紀已成論。參Lindtner, *Master of Wisdom*, 頁
248-9。

6　譯按：本文作者的意見，可以代表不知如來藏究竟義的學人之觀點，此於
疏文已有論及。

7　譯按：菩提心即覺心，英譯一般作 "mind [that is committed] to
enlightenment"，但Mathes本論則作 "enlightened attitude"。

他空（gZhan stong）法統的重要〔經論〕根據，亦見於郭譯師童吉祥（'Gos lo tsā ba gzhon nu dpal, 1392-1481）〔的論著〕，彼於三轉法輪諸論中找到以大手印（Mahāmudrā）直證空性的根據。[8]對於他空見及大手印兩派學人，[9]能證明各自傳承隨順龍樹對空性之究竟見解，實在非常重要，而這也是《菩提心釋》得受尊重的原因。

編按： 西藏諸派都視一切法「無自性」為「表詮究竟之背後真義」，可是，如何成立「無自性」則各派不同。以「本性自性」來成立一切諸法無自性，才是佛真實密意，對此本叢書已多論及。本論作者似乎未留意到許多了義經所說的「無自性」。

把佛家教義分作三輪教法的經論根據，主要見於《解深密經》（*Saṃdhinirmocanasūtra*），這樣的分法，對佛教內大乘（Mahāyāna）各宗宗義的判攝非常重要。瑜伽行派（Yogācāra）的行人，特別認為有需要處理阿毗達磨（Abhidharma）所承許之「法」（dharma）與般若波羅蜜多之「諸法空性」（此二即佛法的首二轉法輪）兩者之間的矛盾，由是囿限空性〔的定義〕為錯誤投射於〔阿毗達磨所說〕諸法〔之外加概念〕。同樣的取徑，亦可見於持眾生皆有如來藏的行人。所有支持這樣理解空性的契經，悉組成三轉法輪。[10]對

8　Klaus-Dieter Mathes, *A Direct Path to the Buddha Within: Gö LotsAwa's ['Gos lo tsā ba] Mahāmudrā Interpretation of the Ratnagotravibhāga* (Boston: Wisdom Publications, 2008), 368 ff.

9　有關他空及郭譯師之大手印兩者分別，見Mathes, *Direct Path*, 45-48。

10　對於三轉法輪的詳細闡述，見Klaus-Dieter Mathes, *Unterscheidung der Gegebenheiten von ihrem wahren Wesen* (Swisttal-Odendorf: Indica et Tibetica, 1996), 155-63。

此類闡釋的認受，主要分二。雖有月稱等遮撥瑜伽行及如來藏
教法，並否定以三轉法輪為了義釋經傳統的中觀學派
（Mādhyamika），但亦有蓮花戒（Kamalaśīla）[11]展示後二輪
之教法並無相違，且於其《中觀燈》（*Madhyamakāloka*）明
說：「中觀師並非不承許〔瑜伽行〕之三自性說。」[12]

編按： 瑜伽行派根據如何成立諸法為有來抉擇空性，是即依
遍計、依他、圓成三種觀點來成立法有，當受超越
時，即可說由此觀點成立的有為空。這樣抉擇並不違
反緣生，而且恰恰是觀修如來藏之所為。且由成立諸
法為有的抉擇，便調和了初轉法輪說有，二轉三轉法
輪說空這表面矛盾。

換言之，於瑜伽行〔的教法〕，就遍計自性而說依他自
性之空性（通常認為心的能所二取為空），並不構成唯心
（cittamātra）為實有。實際上，此二取之空性的概念源自《般
若經》，而不與中觀宗的無自性空相違。郭譯師童吉祥於解釋
《辨法法性論》（*Dharmadharmatāvibhāga*）中的法性
（dharmatā）章，把大手印的四瑜伽配合〔論中所說的〕大乘
四加行。對他而言，悟入唯識（Vijñaptimātra，第一加行）即

11 Hajime Nakamura, *Indian Buddhism: A Survey with Bibliographical Notes* (Delhi: Buddhist Tradition Series, 1987), 281.

12 Klaus-Dieter Mathes,"The Ontological Status of the Dependent (*paratantra*) in the *Saṃdhinirmocanasūtra* and the *Vyākhyāyukti*," in *Indica et Tibetica: Festschrift für Michael Hahn zum 65. Geburtstag von Freunden und Schülern überreicht*, ed. Konrad Klaus and Jens-Uwe Hartmann (Vienna: Wiener Studien zur Tibetologie und Buddhismuskunde, 2007), 323-27.

不見外境具有自性。[13] 復次，持《解深密經》的行者，亦經常指出於此四加行的修習，唯心僅為第一步，須要超越始能證達更高的次第。依此理解，唯心與三自性對中觀師應用《解深密經》的詮釋立場，互不相礙。[14]

不論視二轉及三轉法輪為同等，抑或依據《解深密經》而說只有三轉法輪為了義，皆亟須建立如何以龍樹諸論證成空性等同法界（dharmadhātu）及菩提心的詮釋系統，因為此可引伸謂龍樹先以其理聚論（一般認為即二轉法輪的註釋）建立空性，作為其闡述三轉法輪教法諸論的表詮悟入作鋪排。據此，應留意《諸經集要》（Sūtrasamuccaya，說為龍樹所造）中引用大乘諸經，例如《勝鬘夫人經》（Śrīmālādevīsūtra），以輪迴世間諸法皆無自性（即其空性）。為顯究竟只有一乘（yāna），《諸經集要》的編纂者甚至援引《陀羅尼自在王經》（Dhāraṇīśvararājasūtra）中吠琉璃石（vaiḍūrya）三種清淨之例，說明三轉法輪的次第教法。[15] 此即意謂最末之〔三

---

13 Klaus-Dieter Mathes, ed.,*Gos lo tsā ba gzhon nu dpal gyis mdzad pa'i theg pa chen po rgyud bla ma'i bstan bcos kyi 'grel bshad de kho na nyid rab tu gsal ba'i me long* (Stuttgart: Nepal Research Centre Publications, 2003), 468, lines 18-21: 『二，如是而緣，虛妄遍計雖然顯現，然其無有自性，如是即名為「緣唯識」。除緣唯識外，諸外境悉無自性，遂知無有所緣。由知於外境無所得，即知唯識之能取亦無自性。』(*gnyis pa ni de ltar dmigs pa ni yang dag pa'i kun tu rtog pa snang du zin kyang ngo bo med par dmigs pa yin la/ de lta bu de ni rnam par rig par pa tsam du dmigs pa zhes bya'o/ rnam par rig pa tsam du dmigs pa de las ni phyi rol gyi don rnams ngo bo nyid med pas mi dmigs par shes pa skye'o/ don rnams mi dmigs par shes pa las rnam par rig pa tsam zhes bya ba'i 'dzin pa yang ngo bo nyid med par shes pa skye la/*)。參 Klaus-Dieter Mathes, "'Gos lo tsā ba gzhon nu dpal's Commentary on the *dharmatā* Chapter of the *Dharmadharmatāvibhāgakārikās*,"收 *Studies in Indian Philosophy and Buddhism,* vol. 12 (Tokyo: University of Tokyo, 2005), 19。

14 Mathes, *Unterscheidung*, 161-62.

15 Bhikkhu Pāsādika, ed., *Sūtrasamuccaya*, Tibetan translation (Copenhagen: Akademisk Forlag i Kommission, 1989), 129-30.

轉〕法輪中表詮究竟之教授（即《寶性論釋》
（*Ratnagotravibhāgavyākhyā*）中所說之如來藏），實超越二轉
法輪教授《般若經》之空性。

　　即使對《解深密經》及《陀羅尼自在王經》有所保留的
中觀師，仍肯定《菩提心釋》的重要性，因為當他們以中觀宗
作為一獨立的大乘宗派時，便須面對龍樹理聚論缺乏對修道、
大悲及菩提心等大乘教義的仔細論述。可能以此原故，西藏的
中觀家從未懷疑龍樹為《菩提心釋》的造論者。

　　《菩提心釋》亦為達波噶舉派（Dwags po bka' brgyud）的
大手印傳承提供了重要的經論根據。第七世大寶法王法稱海
（The Seventh Karma pa chos grags rgya mtsho, 1454-1506）將之
列為「印度大手印論叢」（*Phyag rgya chen po rgya gzhung*）[16]
之一。近年發現的兩篇論著，讓我們清楚判定《菩提心釋》如
何支持噶舉派的大手印。第一篇為郭譯師童吉祥所造的《寶性
論》（*Ratnagotravibhāga*）註疏，筆者已據古老的無頭體（烏
梅，dbu med）手稿以及一木刻版本加以校訂[17]。郭譯師童吉祥
此論，不光是一部簡單的釋論；當中還依岡波巴（Sgam po pa,
1079-1153）的大手印傳規，對《寶性論》好幾個段落作註。
郭譯師童吉祥眼中的《菩提心釋》，可作為大手印直證如來藏
的依據，此無非即生起勝義菩提心。[18]

編按： 大手印即是真實的大印，現證一心中法性與〔識〕心

16　Phun tshogs rgyal mtshan, ed., *Phyag rgya chen po'i rgya gzhung glegs bam gsum pa,* in *Don phyag chen mdzod rgya gzhung,* vol. hūṃ [3] (Delhi: Rnam par rgyal ba dpal zhwa dmar pa'i chos sde, 1997), 498-511.

17　Mathes, ed., *'Gos lo tsā ba.*

18　Mathes, *Direct Path,* 245-46 及368。

性相印，是即智境與識境雙運，所證亦即如來藏，亦可說為殊勝勝義菩提心，皆由離二取而無分別來現證，這就不同泛泛說空有雙運的菩提心。

　　第二篇為第四世夏瑪巴法稱智（Zhwa dmar pa chos grags ye shes，1453-1524）根據其上師郭譯師童吉祥教導而造的《菩提心釋》註疏。此由第十七世大寶法王鄔金事業金剛（The Seventeenth Karma pa o rgyan phrin las rdo rje, 1985-，現居達蘭薩拉 Dharamsala），收入其《如意篋》（*Yid bzhin gyi za ma tog*）系列的第一函。夏瑪巴法稱智註疏的跋文如下：

> 為應釋迦幢（Shā kya rgyal mtshan，十五至十六世紀）之屢次祈請，僧人夏瑪巴法稱智（Zhwa dmar pa chos grags ye shes）[19]乃於陰木亥年（公元1515年）六月三日，於大樂廣嚴城（Bde chen yangs pa can）勝寺造此《菩提心釋疏・詞義顯明》（*Byang chub sems 'grel gyi rnam par bshad pa tshig don gsal ba*）。余主要依賢哲上師念〔智稱〕（Smṛti[Jñānakīrti]，十一或十二世紀）之《菩提心釋疏》（*[Bodhicittavivaraṇa] ṭīkā*）而造論。於未明處，則依遍智大堪布郭譯師等之善說，及一己的思擇力〔而決疑〕。[20]

19　Chos kyi grags pa.

20　Zhwa dmar pa chos grags ye shes, *Byang chub sems 'grel gyi rnam par bshad pa tshig don gsal ba zhes bya ba bzhugs so*（《菩提心釋疏・詞義顯明》），收 Yid bzhin gyi za ma tog（《如意篋》）, vol. 1 (Dharamsala: 'Gro mgon gtsug lag dpe skrun khang, 2001), 123, lines 15-20: byang chub sems 'grel gyi rnam par bshad pa tshig don gsal ba 'di ni/ ...shā kya rgyal mtshan gyis/ yang yang bskul ba'i ngor/ mkhas grub smṛti'i 'grel pa gtso bor bzung zhing/ der mi gsal ba mkhan chen thams cad mkhyen pa 'gos lo tsā ba la sogs pa'i legs bshad dang/ rang gi rnam spyod kyi mthu la brten nas/ shā kya dge slong chos kyi grags pas/ shing mo phag gi lo chu stod kyi zla ba'i yar tshes gsum la/ dpal bde chen yangs pa can gyi dgon par sbyar....

172《菩提心釋密意》

就筆者所見，夏瑪巴法稱智之《菩提心釋疏》與其上師
郭譯師童吉祥的立場一致。此尤見於夏瑪巴法稱智解釋《菩提
心釋》頌54。此根本頌與夏瑪巴的註解如下：

> 總而言之諸佛陀　開許心之無常性
> 何以彼等仍不願　承認此心為空性 （54）

> 既承許心為無常，而無常與空性同義，以〔二者〕
> 皆不取任何事具其自性故。然則，此與稱無非唯心
> 之一切法為空性，如何得成相違？圓滿之諸佛，以
> 心、意及識皆為剎那，以此為我等共許之教法，故
> 彼〔心等〕悉為無常。以是之故，何以心不決定為
> 空性？即使唯了別，亦唯能教授此為空性而已。[21]

夏瑪巴法稱智未有提及三轉法輪，然他以唯心指涉空
性，並於外境自性無得（此與郭譯師童吉祥解釋《辨法法性
論》中初加行之唯了別一致），即明顯不怕以中觀師的立場開
許《解深密經》〔的三轉法輪教法〕。此須留意，夏瑪巴法稱
智亦獲上師傳授其珍重之〔心〕剎那性，而郭譯師童吉祥即依
此抉擇如來藏及虛空[22]：

> 對於心為剎那，四宗部的行者無有異議。是故，依

---

21 Zhwa dmar pa chos grags ye shes, *Byang chub sems 'grel gyi rnam par bshad pa*, 97.10-98.3: mdor na sangs rgyas rnams kyis ni/ sems ni mi rtag nyid bzhed na/ / de dag sems ni stong nyid du/ ci yi phyir na bzhed mi 'gyur/ ...sems ni mi rtag pa nyid yin par grub na/ mi rtag pa dang stong pa nyid don gcig pas/ /sems tsam gyi chos thams cad stong pa nyid du brjod pa ji ltar 'gal te/ thams cad kyang rang bzhin mi dmigs par mtshungs pas so/ don mdor bsdu na/ yang dag par rdzogs pa'i sangs rgyas bcom ldan 'das rnams kyis ni/ sems yid rnam shes rnams ni skad cig ma'i mi rtag pa nyid du bzhed par/ bdag cag thmas cad kyis 'dod pa 'thun na de dag mi rtag par bzhed pas sems ni stong pa nyid du rgyu ci'i phyir na bzhed par mi 'gyur te/ rnam rig tsam de yang stong pa kho nar ston par 'gyur ro/.

22 Mathes, *Direct Path*, 339 及 349。

於經教，心自無始以來即無有自性。[23]

《密集續》及生起菩提心之初偈

《菩提心釋》共112頌，引用《密集續》第二品作為序言：

一切實事皆遠離
諸蘊與界以及處
執為外境內識者
悉法無我平等性
自心從於無始時
即此空性之自相[24]

此依龍樹的論議方式，於展現究竟或殊勝菩提心為空性，先抉擇佛家及非佛家的較下宗義，是如夏瑪巴法稱智之註疏所言：

六句頌之首句，否定外道之邪見；二、三句遮撥自身佛家中有部（Vaibhāṣika）及經部（Sautrāntika）之見

23 Zhwa dmar pa chos grags ye shes, *Byang chub sems 'grel gyi rnam par bshad pa*, 98, lines 13-15: *grub mtha' smra ba bzhi gas sems skad cig mar 'dod pa la mi 'thun pa med pas/ dus thog ma med pa'i tshe nyid nas sems kyi ni/ rang bzhin dus rtag tu med par 'gyur ba rigs dang lung gi grub kyi...*

24 見Christian Lindtner 於其 *Nagarjuniana: Studies in the Writings and Philosophy of Nāgārjuna*（Delhi: Motilal Banarsidass, 1987）校訂的藏譯本《菩提心釋》，頁184，3-5行：*dngos po thams cad dang bral ba/ /phung po khams dang skye mched dang/ /gzung dang 'dzin pa rnams spangs pa/ /chos bdag med pas mnyam nyid pas/ /rang sems gdod nas ma skyes pa/ /stong pa nyid kyi rang bzhin no//*。
Lindtner 版有 *phung po khams dang skye mched kyi* 一句；參 Zhwa dmar pa chos grags ye shes, *Byang chub sems 'grel gyi rnam par bshad pa*, 64, line 3；另見 Mathes, ed., *'Gos lo ts ā ba*, 46, line 6。
這幾句對應《密集續》第二品中的一段長行（參 Benoytosh Bhattacharya 版，12，lines 3-5）：*sarvabhāvavigataṃ skandhadhātvāyatanagrāhyagrāhakavarjit aṃ dharmanairātmyasamatayā svacittam ādyanutpannaṃ śūnyatā[sva]bhāvam /.*

地；第四句超越唯心見。五、六句展現並建立中觀
見。[25]

引用《密集續》有關菩提心之偈頌後，即繼之以生起菩
提心的基本程式，是為生起世俗菩提心及勝義菩提心。此為
《菩提心釋》序分的第二部份：

> 諸佛薄伽梵及大菩薩發大菩提心，我亦從今乃至證
> 得菩提，為諸有情生起大菩提心，令未得救渡者得
> 救渡、未解脫者得解脫、未休息者得休息、未涅槃
> 者得涅槃。菩薩行密咒道生起世俗願菩提心，復依
> 修習力生起勝義菩提心。故我闡釋其體性。[26]

依於上述菩提心等同空性〔之義理〕，生起勝義菩提心
實無非於等持境中現證空性。此明見於夏瑪巴法稱智對此段論
文的註釋：

> 出世間勝義菩提心即勝者之智境，其於〔心〕相續

---

25 Zhwa dmar pa chos grags ye shes, *Byang chub sems 'grel gyi rnam par bshad pa*, 64, lines 10-14: *tshigs su bcad pa rkang pa drug gi rkang pa dang pos mu stegs byed kyi lta ba ngan pa sun 'byin la/ rkang pa gnyis pa dang gsum pas nang sde bye brag tu smra ba dang mdo sde pa'i lta ba 'gog cing / rkang pa bzhi pas sems tsam gyi lta ba spong bar mdzad nas / rkang pa lnga pa dang drug pas dbu ma'i lta ba bsgrub cing rnam par 'jog go/.*

26 Lindtner, ed., *Bodhicittavivaraṇa*, 184, lines 7-18: *sangs rgyas bcom ldan 'das rnams dang / byang chub sems dpa' chen po de rnams kyis ji ltar byang chub chen por thugs bskyed pa de bzhin du/ bdag gis kyang sems can ma bsgral ba rnams bsgral ba dang / ma grol ba rnams grol ba dang / dbugs ma phyung ba rnams dbugs dbyung ba dang / yongs su mya ngan las ma 'das pa rnams yongs su mya ngan las bzla ba'i phyir dus 'di nas bzung nas byang chub snying po la mchis kyi bar du byang chub chen por sems bskyed par bgyi'o/ /byang chub sems dpa' gsang sngags kyi sgor spyod pa rnams kyis de ltar kun rdzob kyi rnam pas byang chub kyi sems smon pa'i rang bzhin can bskyed nas/ don dam pa'i byang chub kyi sems bsgom pa'i stobs kyis bskyed par bya ba yin pas de'i phyir de'i rang bzhin bshad par bya'o//.*

之生起，同智慧資糧之現證，亦即依觀修力令自心
安住於法性等持境。[27]

編按： 安住法性等持境即是安住智識雙運境。智慧之現證為
智境，心相續之生起為識境，是故由智識雙運之等
持，才能現證本性自性為空性。下文即說唯初地菩薩
才開始現證空性，若以為緣生即是性空，是即於資糧
道應已悟入，何須更入初地。

於顯乘（亦稱波羅蜜多乘 [Pāramitāyāna]），此勝義菩提
心只於菩薩初地以後始能修習，以現證空性乃始於見道故。此
即謂一般行者須依中觀理聚諸論的抉擇以理解空性，而因為基
於分析而理解的空性難以融和於觀修，是故積聚福德與智慧資
糧須經很長時間。於密乘（Mantrayāna），空性卻可依方便而
直接現證，如以心之樂受境界斷除虛妄分別的瀑流。俱生金剛
（Sahajavajra，十一世紀）於註釋慈護（Maitrīpa）的《真實十
頌》（Tattvadaśaka）時，提出第三種證悟空性之道，是即依
於顯乘與密乘的法性智大手印。《真實十頌》傳授直證真實
〔之法門〕，合乎中觀〔見地〕，然主要依據口訣〔教授〕。
換言之，不但抉擇真實為非有非非有，且亦直證為光明。後者
須以菩提心為方便，而俱生金剛於其釋疏更重申箇中修習實為
大乘〔佛法〕之寂止（śamatha）及不共勝觀（vipaśyanā），

27　Zhwa dmar pa chos grags ye shes, *Byang chub sems 'grel gyi rnam par bshad pa*, 68, lines 13-16: *'phags pa'i ye shes kyi yul du 'gyur ba'i don dam pa'i byang chub kyi sems 'jig rten las 'das pa de ni/ chos nyid la mnyam par bzhag pa la sems goms par byed pa'i bsgom pa'i stobs ye shes kyi tshogs kyis rtogs pa ji lta bzhin rgyud la bskyed par bya ba yin te/.*

是皆於修習開始即須依現量而觀。[28]有見及此,郭譯師童吉祥總括俱生金剛之《真實十頌釋》(*Tattvadaśakaṭīkā*)如下:

顯乘之體性同於密乘,其名為大手印。[29]

同理,岡波巴把第三現量道,與顯乘之比量道與金剛乘之加持道分別開來。[30]郭譯師童吉祥於其《青史》中,紀錄岡波巴能為未得密乘灌頂之初機弟子生起大手印的證悟。[31]此即引起問題:勝義菩提心之生起,是否須經密乘灌頂及修習?於此,如細讀《菩提心釋》開首「菩薩行密咒道」句,即見明確答案:勝義菩提心之生起,為密咒道 —— 亦只有密咒道 —— 行人始能觀修。然此段,對於除顯乘道與密乘道以外,還宣揚大手印現量道之論者來說,是有所不符,是故郭譯師童吉祥〔之釋疏〕,即把原句分兩節引用,由是避過以「菩薩行密咒道」句作為主題。[32]此令人覺得勝義菩提心亦可由大乘諸行人生起,而非僅限於密乘行人。

然而,夏瑪巴法稱智的註疏,則直接註解「菩薩行密咒道」句:

---

28 Klaus-Dieter Mathes, "Blending the sūtras with the tantras: The Influence of Maitrīpa and his Circle on the Formation of sūtra Mahāmudrā in the Bka' brgyud Schools," in *Tibetan Buddhist Literature and Praxis: Studies in Its Formative Period 900-1400*, ed. Ronald M. Davidson and Christian K. Wedemeyer, *PIATS 2003: Proceedings of the Tenth Seminar of the International Association for Tibetan Studies*, Oxford 2003, vol. 10/4 (Leiden: Brill Academic Publishers, 2006), 217-18.

29 'Gos lo tsA ba gzhon nu dpal, *Deb ther sngon po* [Blue Annals], smad cha[2] (四川民族出版社,1984), 847, lines 18-19: *ngo bo pha rol tu phyin pa/ sngags dang rjes su mthun pa ming phyag rgya chen po/*.

30 Mathes, *Direct Path*, 40-41.

31 'Gos lo tsA ba gzhon nu dpal, *Deb ther sngon po* [BlueAnnals], smad cha[2], 847, lines 2-4.

32 Mathes, *Direct Path*, 245.

行人依本尊觀修勝義菩提心，以果為因，故以無分
別智及大悲護持自心，由是而得成熟灌頂，即入密
咒道之門。其行持即同解脫道，亦即生起與圓滿
〔次第〕雙運。…[33]

細味此中所說，是即謂大手印之現量道只與密咒道相同
或相符。菩薩以無分別智及大悲護持彼心為灌頂。此與上述以
深觀之現量作為菩提心觀修相近。於《真實十頌》第9頌，行
者通達其真實性即稱為得自灌頂（svādhiṣṭāna）。[34]換言之，
勝義菩提心由證得自心真實性之本初功德而生起。由此智悲之
現證，即導向所謂圓熟灌頂，實為入密咒道之門。

此可留意，夏瑪巴法稱智不以方便道（thabs lam）來形容
此門修習，而說之為解脫道，是即連繫大手印解脫道（grol
lam）而言。於噶舉傳規，大手印教法亦稱為解脫道，而正規
密乘修習（如那洛六法 [Na ro chos drug]）則稱為方便道。雖然
六法須結合解脫道，然後者卻被視為自足而不是以密乘大手印
修習為方便導向證果。此即夏瑪巴法稱智所欲說明：如現證自
心法性即密乘灌頂，大手印解脫道亦即生起與圓滿〔次第〕之
雙運。所謂密者，實為依觀修而生起勝義菩提心之能力，亦即
現證空性。後者之迅捷一如密乘修習，由是即如郭譯師童吉祥
所言，無須正規的密乘修習。於《菩提心釋》即說為空性之無

---

33 Zhwa dmar pa chos grags ye shes, *Byang chub sems 'grel gyi rnam par
bshad pa*, 68, lines 6-9: *byang chub mchog la yi dam bsten pa'i sems
dpa' rgyu la 'bras bur btags pa/ rnam par mi rtog pa'i ye shes dang
snying rje'i bdag nyid kyis yid skyob par byed pas gsang sngags kyi
theg par 'jug pa'i sgor 'jug pa smin byed dbang thob nas/ grol byed lam
bskyed rdzogs gnyis zung du 'brel pa'i spyad pa spyod pa rnams kyis....*
yi dam bstan 和 rnam par mi rtogs pa'i ye shes 之誤寫已經更正。

34 Mathes, "Blending the *sūtras*," 211.

分別觀修,一如觀修虛空[35],或俱生金剛(十一世紀)以現量為前行之不共勝觀。白蓮花(Padma dkar po, 1527-92)謂此甚深勝觀須經密乘灌頂,縱使此不屬於正規密乘修習之方便道。[36]

　　與此關聯的,是西藏〔佛教〕對勝義菩提心能否依儀軌生起之長期論爭。[37]金色班智達釋迦具勝(gSer mdog paṇ chen shā kya mchog ldan, 1428-1507)認為《菩提心釋》的序分,即可清楚看到生起勝義菩提心的儀注。[38]工珠‧無邊勝慧(Kong sprul blo gros mtha' yas, 1813-99)於其《知識總匯》(Shes bya kun khyab mdzod)提到,此中所說之儀注雖為薩迦班智達(Sa skya paṇḍita, 1182-1251)所不認同,但卻為止貢‧三界怙主('Bri gung 'jig rten gsum mgon, 1143-1217)於密續(tantra)及顯經(sūtra)中找到依據。[39]於契經中辨出生起勝義菩提心儀注的用意,甚為明顯:此可支持波羅蜜多乘之大手印(Pāramitāyāna-mahāmudrā),是即於初地以前即使不依密乘

35　見下來有關《菩提心釋》頌51的註解。

36　Michael Broido, "Sa-skya Paṇḍita, the White Panacea and the Hva-shang Doctrine," *Journal of the International Association of Buddhist Studies* 10, no. 2 (1987): 35.

37　Dorji Wangchuk, *The Resolve to Become a Buddha: A Study of the Bodhicitta Concept in Indo-Tibetan Buddhism* (Tokyo: Studia Philologica Buddhica, 2007), 258-61.

38　Go ram pa bsod nams seng ge, *Sdom pa gsum gyi bstan bcos la dris shing rtsod pa'i lan sdom gsum 'khrul spong zhes bya ba mkhas pa'i dbang po bsod nams seng ges mdzad pa* [Answers to Questions and Objections related to the Treatise on the Three Codes. Clearing Away Confusion about the Three Codes. Composed by the King of the Learned Ones bsod nams seng ge], in *The Collected Works of Kun-mkhyen go-ram-pa bsod-nams-seng-ge*, vol. ta [9] (Bir, Kangra: Dzongsar Institute, 1995), 32b.5-6.

39　Kong sprul blo gros mtha' yas, *Shes bya kun khyab [mdzod]* [Treasury of Knowledge], bar cha [2] (北京: 民族出版社,1982), 129, lines 8-9 and 21-22.

修習亦可現證空性（勝義菩提心）。

編按： 關於是否須要灌頂才能現證大手印，實可由是否承認
深般若即勝義菩提心來決定。若承認，則當承認顯乘
的大手印。

兩種空性

不論《菩提心釋》中所演之空性是依據密乘傳規抑或只
是跟從密續說法，始終與龍樹的理聚諸論大不相同。後者通常
被認為是對二轉法輪的註解，由是注重以分析角度來通達空
性。然於《法界讚》（*Dharmadhātustava*，與《菩提心釋》同
屬三轉法輪），龍樹僅局限以分析的認知於〔對治〕客塵。此
明見於《法界讚》著名的一段（頌21-22），其中說智慧火焚
盡識心之客塵，卻不燒心之自性光明。後者亦不為專說空性之
契經所減損。[40]

郭譯師童吉祥於其《寶性論》註疏[41]中，依岡波巴所作比
量道與現量道之分別，闡述有兩種空性。小中觀之空性，依無
遮為方便而證，屬於二轉法輪之教法。然於三轉法輪，自性之

---

40 David Seyfort Ruegg, "Le dharmadhātustava de nāgārjuna," 收 *Études
Tibetaines: Dediées à la Mémoire de Marcelle Lalou (1890-1967)* (Paris:
Librairie d'Amérique et d'Orient, 1971)，引用了頌 21 與 22 的梵文原本：
*evaṃ prabhāsvaraṃ cittaṃ malinaṃ rāgajair malaiḥ / jñānāgninā malaṃ
dagdhaṃ na dagdhaṃ tat prabhāsvaram // śūnyatāhārakāḥ sūtrā ye kecid bhāṣitā
jinaiḥ / sarvais taiḥ kleṣavyāvṛttir naiva dhātuvināśanam //*（如是心雖光明顯，
而具貪慾等諸垢。本智火焚燒污垢，而非彼之淨光明。教授空性之契經，
勝者如何作解說。止息彼等諸煩惱，而不於界作減損。）《法界讚》第 23
頌明說此真實界亦即為智；換言之，頌 21 與 22 所指亦可說為《菩提心
釋》中的勝義菩提心。

41 Mathes, *Direct Path*, 184-85.

空性（即二轉法輪教法所許之空性）建立於客塵此外殼，如來
藏之空性（依據《法界讚》解說之法界，或《菩提心釋》解說
之菩提心），則依現量而得決定，而非為對自性以無遮所得。
依郭譯師童吉祥的觀點，此第二種空性（亦即如來藏）並不依
於他法而成其法爾之有，猶如空界之於虛空。換言之，月稱之
自性空說並不適用於此，「以其生起非依於他法故」—— 此即
月稱於《淨名句論》（*Prasannapadā*）中註釋《中論》XV.2ab
所言：

> 無作者為自性，如火之熱、紅寶石之映紅等自性。
> 此名為自性，以此非依他法而生起故。[42]

事實上，月稱並不開許「火之熱」為自性，但此非這裡
討論的範圍。於三轉法輪，「火之熱」被歸類為客塵，是故為
二轉法輪之應破事，然此亦可作為無作之例，其空性須依《菩
提心釋》所描述之菩提心或《寶性論釋》所說之如來藏來現證
—— 是皆超越二轉法輪之中道觀。郭譯師童吉祥引用《菩提心
釋》頌57以證成之：

> 此如甜味於甘蔗　　熱乃火之根本性
> 故許種種一切法　　本性[43]悉皆為空性[44]

---

42 Louis de La Vallée Poussin, ed., *Prasannapadā* (1903-1913; repr., Delhi: Bibliotheca Buddhica, 1992), 260, lines 6-8: *yas tv akṛtakaḥ sa svabhāvas tad yathā agner auṣṇyaṃ jātānāṃ padmarāgādīnāṃ padmarāgādisvabhāvaś ca / sa hi teṣāṃ padārthāntarasaṃparkājanitatvāt svabhāva ity ucyate //*.

43 用「本性」代替「自性」實無關緊要，因月稱於其《明句論》中亦視二者等同。

44 Lindtner, *Nagarjuniana*, 202-3，在慈護的《五行相》中同定了該頌的梵文：*guḍemadhuratā cāgner uṣṇatvaṃprakṛtir yathā / śūnyatā sarvadharmāṇāṃtathā prakṛtir iṣyate //*.

編按： 說「本性悉皆為空性」，即說一切諸法的自性實為「本性」。

此說為本性者，實有勝義與世俗兩種。識境中一切法皆依如來法身而隨緣自顯現，此如鏡影皆依鏡而隨緣自顯現，鏡影必為鏡性，所以識境中一切法亦必為如來法身性，此名本性，定義為空，是即本性之勝義。於世俗，頌文說甜味於甘蔗，熱之於火，則可說為本性之世俗。

如來法身性既施設為空性，此空性法爾，所以不由「無遮」而得。所謂「無遮」，即由「無」來遮撥，如遮為「無自性」。下來論文，即說及本性自性空，必須了知，始能證大手印。

依此，郭譯師童吉祥乃如是定義一切法之空性，亦即三轉法輪之空性：

> 所言法空者，其破所依事於中轉（即二轉）法輪稍有不同。自凡夫以迄佛陀，心性皆為有，以此非依他緣而垢障或生起分別，故名具分別之客塵諸法為空。客塵復依眾緣，如境之分別、識根之習氣等，是即不同本初心，故後者即以彼等為空。然彼之生起亦非完全異於心性。此如虛空，雖不曾轉為雲及山等法，故名為空，然亦不應謂雲等於虛空以外而住。[45]

編按： 此即說智識雙運境之空。

---

45 Mathes, *Direct Path*, 185-86.

　　郭譯師童吉祥常稱心性為「覺界」（rig pa'i khams），而不具任何心識相為其性相。[46]換言之，此即不以此覺性「能見」究竟法性如凡庸心識所具之能所。郭譯師童吉祥故引《菩提心釋》43至46頌以證成此說。頌43至45總括對唯識見之遮撥，而頌46則提出「龍樹」自己的中觀教法。

　　於夏瑪巴法稱智之註釋，此四頌及相關段落如下：

> 總而言之諸佛陀　　無可成見即不見
> 如是無有自性者　　何能見為具自性[47]（43）

> 要言之，以了別（vijñapti）而言，佛陀不見過去與現在，亦不見未來。若難言：何以遍智者不能見？〔答曰：〕究竟以無自性為自性，故無有外境可見，亦無可見。此即導師所說之「不見」義。[48]

> 所謂實事為分別　　離諸分別即為空
> 每當分別顯現時　　於彼焉可有空性[49]（44）

---

46 Mathes, *Direct Path*, 186.

47 Lindtner, ed., *Bodhicittavivaraṇa*, 198, lines 3-5: *mdor na sangs rgyas rnams kyis ni/ /gzigs par ma gyur gzigs mi 'gyur/ /rang bzhin med pa'i rang bzhin can/ /ji lta bur na gzigs par 'gyur/.*

48 Zhwa dmar pa chos grags ye shes, *Byang chub sems 'grel gyi rnam par bshad pa, 92*, lines 15-19: *mdor na/ sangs rgyas rnams kyis ni rnam rig gi ngo bor 'das pa dang da lta ba [na?] gzigs par ma gyur la/ ma 'ongs pa na gzigs par mi 'gyur ba nyid do/ thams cad mkhyen pas ci ste ma gzigs snyam na/ don dam par rang bzhin med pa'i ngo bo'i rang bzhin can yin pas/ gzigs pa'i yul med pa de ji lta bur na gzigs par 'gyur zhes ston pa nyid kyis ma gzigs par bka' stsal to/.*

49 Lindtner, ed., *Bodhicittavivaraṇa*, 198, lines 6-7: *dngos po zhes bya rnam rtog yin/ /rnam rtog med pa stong pa yin/ /gang du rnam rtog snang gyur pa/ /der ni stong nyid ga la yod/.*

若有人言：為不違經教，我等解說〔此不見義〕乃就圓成〔自性〕而言，即勝義無自性性（paramārthaniḥsvabhāvatā）。[50]〔答曰：〕汝等唯識師以圓成〔自性〕或自證分為實事，以汝許其有等同究竟之性相。此為執無分別為具分別執邊見。無分別〔境〕遠離心之作意分別而空，然則當分別生起時，云何現證究竟無分別空？[51]

一切如來不照見　　所證能證差別心
何處有所證能證　　若是即無有菩提[52]（45）

若如是，有否證覺之果？執於當證之菩提相及能證之心，非名為善逝及諸菩薩摩訶薩者[53]所見。故彼所得之菩提具虛空之性相；否則，若菩薩有任何證相之執著、具所證能證〔之分別〕，即無菩提可證，

50　《解深密經》中的勝義無自性性實基於諸法皆無一實我，此乃周遍之正面屬性。一個相似的觀念即與瑜伽行師所倡導的本性空（prakṛtiśūnyatā）有關（參 Klaus-DieterMathes,"Tāranātha's Presentation of Trisvabhāva in the gŹan stoṅ sñiṅ po [Gzhan stong snying po]," 收 Journal of the International Association of Buddhist Studies 23, no. 2 [2000]: 215-17）。

51　Zhwa dmar pa chos grags ye shes, Byang chub sems 'grel gyi rnam par bshad pa, 92, line19-93, line 5: de 'dra ba'i lung dang mi 'gal ba ni nged cag yongs su grub pa don dam ngo bo nyid med pa la dgongs par 'chad do/ zhe na/ sems tsam pa khyed kyis yongs grub dang so so rang gi rig pa zhes brjod pa de nyid dngos po zhes bya ste/ yod pas don dam pa'i mtshan nyid du 'dod pas so/ /de ni rnam par mi rtog pa spros pa dang bcas pa'i mthar 'dzin pa yin la/ de 'dra'i rnam rtog med pa spros bral stong pa nyid yin pa'i tshe/ gang du spros pa'i rnam rtog snang bar gyur pa der ni don dam pa rnam par mi rtog pa'i stong nyid rtogs pa ga la yod/.

52　Lindtner, Nagarjuniana, 198，給出了頌 45 的梵文：na bodhyabodhakākāraṃ cittaṃ dṛṣaṭṃ tathāgataiṃ / yatra boddhā ca bodhyaṃ ca tatra bodhir na vidyate //。

53　即證覺者。

以未能現證無分別智及平等性故。[54]

無有能相亦無生　離言說道不成有
虛空菩提心證覺　皆具無二之性相[55]（46）

〔《密集續》云：〕自心從本即無生，以空性為其
自性。縱使我等中觀之法義亦有同一教授，而此已
詳加闡釋，〔然於此一再解說〕：無有性相可定義
法性，以其為非有非非有，故無有生起。其為非
有，若有則已作生起；其為非非有，若非有則無可
生起。雖以名言解說，然實離種種性相。故可說如
虛空、無分別智之菩提心、無倒圓滿證悟一切法之
菩提，是皆具無二性相。此即謂：虛空於世俗為
有，於勝義則不作是觀。同理，菩提僅於世俗層次
為有，於究竟則非是。無分別菩提心以僅於世俗層
次而言，若析其〔體性〕亦為無自性。故彼性相可
有差異。[56]

54 Zhwa dmar pa chos grags ye shes, *Byang chub sems 'grel gyi rnam par bshad pa*, 93, lines 5-11: *de lta na byang chub kyi 'bras bu yang med dam zhe na/ rtogs bya byang chub dang / rtogs byed de don du gnyer ba'i mtshan 'dzin gyi rnam pa'i sems/ de bzhin gzhegs pa dang de'i sgras brjod pa'i byang chub sems dpa' chen po rnams kyis ma gzigs pas/ nam mkha'i mtshan nyid can gyi byang chub brnyes kyi/ gang na byang chub sems dpa' rtogs bya rtogs byed la mtshan 'dzin mngon zhen du byed pa yod pa der ni/ byang chub 'thob pa yod pa ma yin te/ rnam par mi rtog pa'i ye shes mnyam pa nyid ma rtogs pa'i phyir ro//.*

55 Lindtner, *Nagarjuniana*, 198 給出了頌 46 的梵文：*alakṣaṇam anutpādam asaṃsthitam avāṅmayam / ākāśaṃ bodhicittaṃ ca bodhir advayalakṣaṇā //.*

56 Zhwa dmar pa chos grags ye shes, *Byang chub sems 'grel gyi rnam par bshad pa*, 94, lines 5-14: *rang sems gdod nas ma skyes pa/ stong pa nyid kyi rang bzhin no/ /zhes gsungs pa'i rang lugs kyi dbu ma'i don rgya cher bstan pa yang / de kho na nyid mtshon par byed pa'i mtshan nyid med cing / yod pa dang med pa ma yin pa'i phyir skye ba med de/ yod gyur skyes zin pa dang / med pa skyer mi rung bas ma yin la ngag gi lam nas tshig brjod kyang mtshon pa dang bral ba de ni / dper 'os pa nam mkha' dang / rnam mi rtog pa'i ye shes byang chub kyi sems dang*

此四句頌及其註釋，其義皆直接明顯。雖於世俗層次說有菩提心，或說證空之智，可不是說真有甚麼可見、或有能證所證。同理，於世俗層次說虛空，然實際而言卻不可見，以於虛空之空實無所見。於此，可留意瑜伽行派解釋的「不見」，凡涉及圓成自性或自證分等，皆不在其討論範圍之內。瑜伽行派的行者，若以自證分等為實事，則不可能真無分別。空與證空無有性相，僅於世俗層次而有名言。

於此重申，郭譯師童吉祥之覺界，不具任何心識相為其性相，此即與瑜伽行派不同之處。[57]於郭譯師童吉祥而言，「覺界」即「究竟」的同義詞，非為依理推度之境或比量之知，而是聖者之智境（即無二之覺受）。[58]由是，郭譯師童吉祥並不以三轉法輪對究竟之正面描述於二轉法輪所許之空性，有着真實或本體上的不同。此義於郭譯師童吉祥之《寶性論釋》最為明顯：

> 中轉法輪教授無遮之空，與末轉法輪教授之如來藏，雖於理解上大不相同，然我卻不開許下來之分別：所謂無遮之空為直接現證，而如來藏則非直接現證。雖於用詞上可有差別，但就直證之樂而言，

---

ni / chos thams cad phyin ci ma log par mngon par rtogs pa'i byang chub rnams gnyis su med pa'i mtshan nyid can te / de'i don ni/ nam mkha' ni tha snyad du yod kyang / don du mi dmigs pa ltar/ byang chub kyang kun rdzob tu yod kyi don dam par med la / rnam par mi rtog pa'i byang chub kyi sems kyang tha snyad du brjod kyi dpyad na rang bzhin med pas / de'i phyir de dag gi mtshan nyid tha dad pa ma yin no//.

57 據創古仁波切（Thrangu Rinpoche）所言，行人須區分兩種「自證」。其一為瑜伽行派在因明意義上的自證分，另一為對自心本性的現證，或解脫學上的自證，確切而言則為自現證（近來對一相似區分的討論，參姚治華，*The Buddhist Theory of Self-Cognition* [London and New York: Routledge, 2005], 126-27）。

58 Mathes, *Direct Path*, 348-49.

實無有分別。此說乃依我具信心之多種口訣教授而
言。[59]

概言之，於郭譯師童吉祥而言，於真實只有一種空性，
然於證達而言，則有各種方便。夏瑪巴法稱智於其《菩提心
釋》註疏中，未有提及「覺界」，原因簡單，就是如來藏並非
《菩提心釋》之主題。

編按： 此說兩種空性，一為由無遮而得的空性、一為證入智
識雙運而覺的境界（亦即「覺界」）名為空性。前者
為方便，後者為究竟。龍樹《菩提心釋》中所說即為
後者，若否定如來藏，誹撥大圓滿、大手印，是即否
定佛說的究竟義。

菩提心之觀修

下來的偈頌意義重大，夏瑪巴法稱智認為此頌為勝義菩
提心之正修，下一定義：

是心離於所緣境　　安住虛空之體性
彼等空性之修習　　許為虛空之觀修[60]（51）

夏瑪巴法稱智的註釋如下：

是故無分別智即勝義菩提心。等持於離所緣相之

59　Mathes, *Direct Path*, 356.

60　Lindtner, ed., *Bodhicittavivaraṇa*, 200, lines 5-6: *sems la dmigs pa med pa yi/ / gnas pa nam mkha' mtshan nyid yin/ /de dag stong nyid sgom pa ni/ /nam mkha' sgom par bzhed pa yin/*.
　　Lindtner 版寫作 *sems la dmigs pa med pa ni*; see Zhwa dmar pa chos grags ye shes, *Byang chub sems 'grel gyi rnam par bshad pa*, 95, line 10.

境，上來已說為虛空之性相，是即瑜伽行者正修空性。此亦為觀修不作分別如虛空，而必須收攝。此觀修為聖龍樹讚許，而於西藏前宏及後宏期曾有說為支那和尚之修法。然於本論則以之為菩薩摩訶薩之傳規。[61]

編按： 這觀修亦即「無所緣而緣」，對所緣相不作意分別，如觀虛空不作意於雲彩。當日漢土摩訶衍於西藏教授禪法時，曾與蓮花戒展開辯論，據藏傳的說法為蓮花戒辯勝，因此摩訶衍的禪法被稱為支那和尚的修法。然而，此實為大手印的觀修。寧瑪派須觀修大圓滿，然亦重視觀修大手印，此見於許多高法的儀軌，明說為「修大手印定」。

此提到另一年代久遠的西藏論諍：薩迦班智達（Sa skya paṇḍita, 1182-1251）批判岡波巴之非密乘大手印教法，具漢土與藏土佛法的影子，而於麻巴（Mar pa, 1012-97）及密勒日巴（Mi la ras pa, 1040-1123）之時，大手印只能通過拙火瑜伽來現證。[62]郭譯師童吉祥回護岡波巴的大手印教法，指出其源自印

---

61 Zhwa dmar pa chos grags ye shes, *Byang chub sems 'grel gyi rnam par bshad pa*, 96, lines 15-97, line 1: *des na rnam par mi rtog pa'i ye shes don dam pa'i byang chub kyi sems la/ rnam par rtog pa'i mtshan ma ma dmigs pa'i ngang du gnas pa nam mkha'i mtshan nyid gong du bshad pa de yin pas/ rnal 'byor pa de dag stong nyid tshul bzhin bsgom pa ni/ nam mkha' dang mtshungs par mi rtog pa bsgom par bzhed pa yin no/ zhes khong du chud par bya'o/ /de ltar 'phags pa klu grub kyis bsngags pa'i bsgom 'di/ bod snga phyi kha cig rgya nag hwa shang gi sgom yin par sgrog kyang/ bstan bcos 'dir byang chub sems chen po rnams kyi lugs su mdzad do/.*

62 David Jackson, *Enlightenment by a Single Means* (Vienna: Verlag der Österreichischen Akademie der Wissenschaften, 1994), 17-19.

度，特別是智稱（Jñānakīrti）及慈護（及其弟子俱生金剛）。[63]
郭譯師童吉祥於其《寶性論》註釋中，並不重開其依大手印詮
釋如來藏而起之爭論，亦避免用上「萬應白蓮」（dkar po chig
thub），此意謂自身具足方便以直證本心之大手印名言。[64]他
亦不着意直接辯解其大手印教法，以能把《寶性論》與大手印
釋為同一意趣，已足成辯解。他於《寶性論》註釋頌I.15時，
亦只間接談及視他的大手印為「漢土佛教」的批判，於此強調
對本性光明與二無我的證悟，乃依大手印的初二瑜伽。[65]郭譯
師童吉祥復引伸至「法無我」的討論，並引用寂天
（Śāntideva，公元700年？）《入菩薩行論》（Bodhicaryāvatāra）
頌IX.55，說明觀修空性為障之對治，一如大手印之教授：

> 煩惱所知障，空性為對治。欲速成佛者，何不觀修
> 彼？[66]

郭譯師童吉祥認為此頌亦可被曲解為漢土佛教的教法，
故引用《菩提心釋》頌73，解釋有空性引生大悲之理：

> 如前所說空性義　瑜伽行者作觀修
> 無有疑惑而生起　利益他者樂着意[67]（73）

63　Mathes, "Blending the *sūtras*," 206.

64　薩迦班智達於其《三律儀判別》（*sDom gsum rab dye*）中批評了這樣的
修法。參 Jared Rhoton, *A Clear Differentiation of the Three Codes: Essential
Distinctions among the Individual Liberation, Great Vehicle, and Tantric Systems*
(Albany, N.Y: SUNY Series in Buddhist Studies, 2002), 141-42.

65　此即專一瑜伽與離戲瑜伽（參 Mathes, "*dharmatā Chapter*", 17-19）。

66　Vidhushekhara Bhattacharya, ed., *Bodhicaryāvatāra* (Kalkota: Asiatic Society
Calcutta, 1960), 199, lines 9-10: *kleśajñeyāvṛtitamaḥpratipakṣo hi śūnyatā /
śīghraṃ sarvajñatākāmo na bhāvayati tāṃ katham //*.

67　Lindtner, ed., *Bodhicittavivaraṇa*, 206, lines 7-8: *de ltar stong pa nyid 'di ni/ /
rnal 'byor pa yis bsgom byas na/ /gzhan gyi don la chags pa'i blo/ /'byung bar
'gyur ba the tshom med/*.

換言之，大手印修法中觀照自心本性，應無過失，以此無非為中觀主流共許之直觀空性。據《入菩薩行》而言，以空性為除一切障之能對治，亦並無否定前五種波羅蜜多的重要性。

三轉法輪教法於生起菩提心更為殊勝

郭譯師童吉祥於其《寶性論》註釋，隱括大手印教法，依《陀羅尼自在王經》，譬喻觀修次第為對吠琉璃石的三重淨治，一重比一重細密。由此例引伸並引用《解深密經》，他建立三轉法輪為最高法門。[68] 據《解深密經》VII.30，佛陀於教授二轉及三轉法輪，皆先教授諸法無自性 —— 一切法無生亦無滅，從本以來即為寂靜，而自然住於涅槃 —— 此亦即般若經與龍樹中觀諸論所說之空性。是故後二轉法輪本質上並無二致，然於三轉法輪則仍作微細分別，即以此故，乃許之為了義，以別初轉及二轉〔法輪〕，是故較二轉法輪更為殊勝。[69]

編按： 此說二轉法輪所說空性與三轉法輪所說有微細分別，是指二轉法輪的深般若而言。深般若已離緣起，所以說為「諸法空性無相」（見《心經》），此處所說的空性，實亦由本性自性而說，由是才能因諸法實為影像而說其無相。然則何以說尚有微細分別？此即由深般若較偏於智邊而言，由於較偏於智邊，行者便容易

68　Klaus-Dieter Mathes, "'Gos lo tsā ba gzhon nu dpal's Extensive Commentary on and Study of the Ratnagotravibhāgavyākhyā," in *Religion and Secular Culture in Tibet*, ed. Henk Blezer, PIATS 2000: *Proceedings of the Ninth Seminar of the International Association for Tibetan Studies*, Leiden 2000, vol. 2/2 (Leiden: Brill Academic Publishers, 2002), 90.

69　John Powers, trans., *Wisdom of the Buddha: The Saṃdhinirmocanasūtra* (Berkeley: Tibetan Translation Series, 1994), 103-37.

執持自己的證量而不能離，不如三轉法輪，由智識雙
運入手（以果為因入手），那便容易成就四加行法，
離智離證量而離邊。此亦即是觀修大手印及大圓滿的
竅門。

以一切有情具如來藏故，郭譯師童吉祥認為於諸有情亦
只有一乘。此於第三次引用《陀羅尼自在王經》而作的註解
時，尤為明顯，當中提到行者依無倒（指三轉）法輪中三種清
淨之教法而入善逝界。郭譯師童吉祥復依《十地經》
（*Daśabhūmikasūtra*）而指七地仍然具染，以行者於此地仍渴
求善逝智故。[70]當然，《寶性論》中說如來藏客塵污染空之教
法，為三轉法輪的主要見地。郭譯師童吉祥毫不嘗試把二轉法
輪等同三轉法輪；他甚至引用大段《解深密經》所說三轉法輪
如何更為殊勝，而總結謂即聞了義教法亦得大利益，由是彰顯
末轉法輪的深廣法義。[71]

郭譯師童吉祥依《菩提心釋》的序分，而闡釋三轉法輪
所說之菩提心亦更為殊勝：

此為勝義菩提心，以此由見當證之菩提、證境及有
情之心光明都無二致而生起。[72]

郭譯師童吉祥復據《菩提心釋》頌71，指出勝義菩提心
亦名空性：

真實以及真實際　以及無相與勝義

70 Mathes, *Direct Path*, 235.

71 Mathes, *Direct Path*, 245-46.

72 Mathes, *Direct Path*, 245.

以至殊勝菩提心　　並說之為空性等[73]（71）

夏瑪巴法稱智註解此頌如下：

> 〔勝義菩提心〕為真如，亦即諸法法性。由其無倒
> 法義，此為實際。由其離一切相，此為無相。由其
> 為聖者之智境，此為究竟。上來已說菩提心之性相
> 為智性，此為勝妙。〔勝義菩提心〕為真實、一切
> 法法性、空性，寂息一切戲論。於諸經續，亦同樣
> 解釋為具此等性相。[74]

不用說，此等法異門亦即郭譯師童吉祥所說的第二種空
性，亦即覺界或如來藏。是故行者直證空性（勝義菩提心），
其實亦即現證自己及一切有情心之光明自性。復次，以見一切
有情同具菩提之自性故，乃即發殊勝慈悲，願一切有情不為客
塵所障而能證得同樣之覺受。[75]

總結

由此可見，達波噶舉派的大手印傳統，以肯定的語調，
視三轉法輪之究竟為離能取所取而直證空性之果。郭譯師童吉

73　前面的頌 70 以如下方式作結（Lindtner, ed., *Bodhicittavivaraṇa*, 206, line 2）：
「…證真實即得解脫」（...de nyid rtogs pas grol thob 'gyur）。

74　Zhwa dmar pa chos grags ye shes, *Byang chub sems 'grel gyi rnam par bshad pa*,
105, lines 2-8: *chos thams cad kyi gnas lugs las gzhan du ma yin pa'i de bzhin
nyid dang / phyin ci ma log pa'i don dang ldan pas yang dag pa'i mtha' dang /
dmigs pa'i mtshan ma kun dang bral bas mtshan ma med pa dang / 'phags pa
ye shes kyi yul du gyur pas don dam pa nyid dang / sngar smos pa'i mtshan nyid
dang ldan pa'i byang chub kyi sems ye shes phul du byung ba'i ngo bo yin pas
mchog dang / chos thams cad kyi chos nyid de kho na nyid dang / spros pa thams
cad zhi ba stong pa nyid ces bya ba'i mtshan nyid du'ang mdo rgyud mang po las
bshad pa yin no//.*

75　Mathes, *Direct Path*, 244-45.

祥及其弟子夏瑪巴法稱智亦不開許以自證分或圓成自性等來證
成心為實事的說法。若唯識乃指於外境自性無得，而心之剎那
亦即心之空性，那麼《解深密經》的說法即可成立，而無須另
外再建立唯識或三自性等教法。三轉法輪更為殊勝，乃因為其
教法可令行者直證空性。《菩提心釋》完全支持此等說法，因
為密乘的龍樹為依密咒道的菩薩建立如何生起勝義菩提心。除
此依無分別觀修而直證空性外，《菩提心釋》中更無任何密乘
的教法，是故《菩提心釋》可作為顯乘大手印之契經根據，而
與密咒道相順。

編按： 所謂「離能取所取而直證空性」，即是離識境一切名
　　　 言句義而現證入智識雙運界。入智識雙運即成直證空
　　　 性。若執着「緣生性空」，不以之為方便而以之為究
　　　 竟，則永住入名言句義，不能證此處所說的第二種空
　　　 性。

參考書目

Bhattacharya, Benoytosh, ed. *Tantra of the Secret Assembly*. Gaekwad's Oriental Series 53. Baroda: University of Baroda Press, 1967.

Bhattacharya, Vidhushekhara, ed. *Entering the Conduct of a Bodhisattva*. Bibliotheca Indica 280. Kalkota: Asiatic Society Calcutta, 1960.

Broido, Michael. "Sa-skya Paṇḍita, the White Panacea and the Hvashang Doctrine." *Journal of the International Association of Buddhist Studies* 10, no. 2 (1987): 27-68.

Bodhicittavivaraṇa [Commentary on Enlightened Attitude] (Tibetan translation), see Lindtner, *Nagarjuniana*, 184-216.

Frauwallner, Erich. *Die Philosophie des Buddhismus*. 3rd revised edition. Berlin: Akademie Verlag, 1969.

Go ram pa bsod nams seng ge. *Sdom pa gsum gyi bstan bcos la dris shing rtsod pa'i lan sdom gsum 'khrul spong zhes bya ba mkhas pa'i dbang po bsod nams seng ges mdzad pa* [Answers to Questions and Objections related to the Treatise on the Three Codes. Clearing Away Confusion about the Three Codes. Composed by the King of the Learned Ones Bsod nams seng ge]. Collected Works. Vol. ta [9], 489-619.

'Gos lo tsā ba gzhon nu dpal. *Theg pa chen po rgyud bla ma'i bstan bcos kyi 'grel bshad de kho na nyid rab tu gsal ba'i me long* [A

Commentary on the Treatise Mahāyāna-uttaratantra: The Mirror Showing Reality Very Clearly]. Edited by Klaus-Dieter Mathes. Nepal Research Centre Publications 24. Stuttgart: Franz Steiner Verlag, 2003.

————. *Deb ther sngon po* [The Blue Annals]. 2 vols. Chengdu: Si khron mi rigs dpe skrun khang, 1984.

Jackson, David. *Enlightenment by a Single Means.* Vienna: Verlag der Īsterreichischen Akademie der Wissenschaften, 1994.

Kong sprul blo gros mtha' yas. *Shes bya kun khyab [mdzod]* [Treasury of Knowledge]. 3 vols. Beijing: Mi rigs dpe skrun khang, 1982.

La Vallée Poussin, Louis de, ed. *Prasannapadā* [Clear Words]. Bibliotheca Buddhica 4. 1903-1913. Reprint, Delhi: Motilal Banarsidass, 1992.

Lindtner, Christian. *Nagarjuniana: Studies in the Writings and Philosophy of Nāgārjuna.* Buddhist Tradition Series 2. 1982. Reprint, Delhi: Motilal Banarsidass, 1987.

Mathes, Klaus-Dieter. *Unterscheidung der Gegebenheiten von ihrem wahren Wesen (Dharmadharmatāvibhāga).* Indica et Tibetica 26. Swisttal-Odendorf: Indica et Tibetica Verlag, 1996.

Rhoton, Jared D. *A Clear Differentiation of the Three Codes: Essential Distinctions among the Individual Liberation, Great Vehicle, and Tantric Systems.* SUNY Series in Buddhist Studies. Albany, N.Y.: SUNY, 2002.

Seyfort Ruegg, David. "Le dharmadhātustava de nāgārjuna." In *Études*

Tibetaines: Dediées à la Mémoire de Marcelle Lalou (1890-1967), 448-71. Paris: Librairie d'Amūrique et d'Orient, 1971.

Sgam po pa bsod nams rin chen. *Tshogs chos yon tan phun tshogs* [Teaching for the Public: An Abundance of Qualities]. In *Khams gsum chos kyi rgyal po dpal mnyam med sgam po pa 'gro mgon bsod nams rin chen mchog gi gsung 'bum yid bzhin nor bu*. Vol. ka [1], 505-75. Published by Ven. Khenpo Shedrup Tenzin & Lama Thinley Namgyal. Delhi: Sherab Gyaltsen, 2000.

Shastri, H., ed. *Pañcākāra* [The Five Aspects]. In *Advayavajrasaṃgraha*, 40-43. Gaekwad's Oriental Series 40. Baroda: University of Baroda Press, 1927.

Wangchuk, Dorji. *The Resolve to Become a Buddha: A Study of the Bodhicitta Concept in Indo-Tibetan Buddhism*. Monograph Series of Studia Philologica Buddhica 23. Tokyo: The International Institute for Buddhist Studies, 2007.

Zhihua Yao. *The Buddhist Theory of Self-Cognition*. London and New York: Routledge, 2005.

Zhwa dmar pa chos grags ye shes (the Fourth Zhwa dmar pa). *Byang chub sems 'grel gyi rnam par bshad pa tshig don gsal ba zhes bya ba bzhugs so* [A Commentary on the Bodhicittavivaraṇa: An Elucidation of the Meaning of Words]. In *Yid bzhin gyi za ma tog* [Wish-fulfilling Basket]. Vol. 1, 62-123. Dharamsala: 'Gro mgon gtsug lag dpe skrun khang, 2001.

離・言・叢・書・系・列

《解深密經密意》

談錫永/著　NT$390元

密義的意思就是語言之外所含之意，沒有明白地講出來，
他雖然用語言來表達，但讀者卻須理解言外之意。
本經既稱為「解深密」，也就是說，根據本經之所說，就
能得到佛言說以外的密意。

《無邊莊嚴會密意》

談錫永/著　NT$190元

《大寶積經・無邊莊嚴會》是說陀羅尼門的經典，可
以將其視為釋迦演密法，故亦可以視其為密續。
全經主要是說三陀羅尼門——無上陀羅尼、出離陀羅
尼、清淨陀羅尼，依次攝境、行、果三者。

《如來藏經密意》

談錫永/著　NT$300元

《如來藏經》說眾生皆有如來藏，常住不變，然後用九
種喻說如來藏為煩惱所纏，是故眾生不自知有如來藏。
這是如來藏的根本思想。由此可將一切眾生心性的清淨
分說為如來藏，雜染分說為阿賴耶識。

《勝鬘師子吼經密意》

談錫永/著　NT$340元

本經對如來藏的演述，是由真實功德來建立如來藏，因
此便很適應觀修行人的觀修次第。
欲入一乘，欲觀修如來藏，須先由認識如來真實功德入
手，這是觀修的關鍵。勝鬘說三種人可以領受如來藏，
便即是依其是否能領受如來真實功德而說。

《文殊師利二經密意》

談錫永/著　NT$420元

文殊師利菩薩不二法門有眾多經典，現在先選出兩本
詮釋其密意。所選兩經為《文殊師利說般若會》及《
文殊師利說不思議佛境界經》。選這兩本經的原故，
是由於兩經所說彼此可以融匯。

《龍樹二論密意》

談錫永/著　NT$260元

本書特選出龍樹論師《六正理聚》中《六十如理論》
及《七十空性論》兩篇，加以疏釋，用以表達龍樹說
「緣起」、說「性空」、說「真實義」、說「法智」，
以至說「無生」的密意。

《菩提心釋密意》

談錫永/疏・邵頌雄/譯　NT$230元

本論專說菩提心，立論點即在於如何次第現證勝義菩提
心以及建立世俗菩提心。於前者，及涉及觀修次第，而
不僅是對勝義作理論或概念的增上。

《大乘密嚴經密意》

談錫永/著　NT$360元

《大乘密嚴經》的主旨其實很簡單：阿賴耶識即是
密嚴剎土。所謂密嚴剎土，即是如來法身上有識境
隨緣自顯現，將法身與識境連同來說，便可以說為
密嚴剎土。這時，自顯現的識境便是法身上的種種
莊嚴。

《龍樹讚歌集密意》 談錫永/主編・邵頌雄/著譯
NT$490元

本書說龍樹讚歌,亦總說龍樹教法之密義。龍樹的「讚歌集」,於印藏兩地的中觀宗都深受重視,並視之為了義言教,唯此等讚歌,大都從未傳入漢土。本書將其中八種,譯為漢文,並據此演揚龍樹教法密義。

《大圓滿直指教授密意》 談錫永/譯疏 NT$300元

本書收入蓮花生大士《大圓滿直指教授》說及觀修的密意,為此叢書補充唯說見地的不足,亦收入談錫永上師《心經頌釋》,補足蓮師一篇所未說的前行法,兩篇由談上師闡其密義。

《智光莊嚴經密意》 談錫永/註疏・邵頌雄/導讀
NT$420元

本經說不生不滅、隨緣自顯現、大平等性,是次第說覺知一切諸佛境界的基礎。圓融此三境界,即知諸佛境界唯一,由此即能說取證菩提。本經之重要,在於它正面解說諸佛境界,同時說出入這境界的觀修法門,如是顯示如來藏的基道果。

《圓覺經密意》 談錫永/主編・邵頌雄/導論 NT$280元

《圓覺經》中實在已有了義大中觀的基、道、果密意,影響深遠,本經的地位,在漢土便高如須彌山。然整本經是回答十一位菩薩之所問,所答甚為深密,若不知其密意,便會認為本經與其他經典所說不同,由是疑為偽經。

《藏密甯瑪派禪修密意》 談錫永/主編、釋・
馮偉強、楊杰/譯 NT$280元

本書為離言叢書系列中,專說禪修密意。為甯瑪派教授禪修之文獻,及歷代祖師之口耳相傳,今闡釋其密意,希能引導學佛行人得入禪定。讀者依此方便道作聞思修,方能入正道。

全佛文化藝術經典系列

大寶伏藏【灌頂法像全集】

蓮師親傳 ● 法藏瑰寶，世界文化寶藏 ● 首度發行！
德格印經院珍藏經版 ● 限量典藏！

本套《大寶伏藏—灌頂法像全集》經由德格印經院的正式授權
全球首度公開發行。而《大寶伏藏—灌頂法像全集》之圖版，
取自德格印經院珍藏的木雕版所印製。此刻版是由西藏知名的
奇畫師—通拉澤旺大師所指導繪製的，不但雕工精緻細膩，法
像莊嚴有力，更包含伏藏教法本自具有的傳承深意。

◆◆◆

《大寶伏藏—灌頂法像全集》共計一百冊，採用高級義大利進
美術紙印製，手工經摺本、精緻裝幀，全套內含：
● 三千多幅灌頂法照圖像內容 ● 各部灌頂系列法照中文譯名
附贈 ● 精緻手工打造之典藏匣函。
● 編碼的「典藏證書」一份與精裝「別冊」一本。
（別冊內容：介紹大寶伏藏的歷史源流、德格印經院歷史、
《大寶伏藏—灌頂法像全集》簡介及其目錄。）

離言叢書07

《菩提心釋密意》

造　　論　龍樹論師
主編及疏　談錫永
譯　　者　邵頌雄
美術編輯　李　琨
執行編輯　莊慕嫻
封面設計　張育甄
出　　版　全佛文化事業有限公司
　　　　　訂購專線：(02)2913-2199
　　　　　傳真專線：(02)2913-3693
　　　　　發行專線：(02)2219-0898
　　　　　匯款帳號：3199717004240 合作金庫銀行大坪林分行
　　　　　戶　　名：全佛文化事業有限公司
　　　　　E-mail：buddhall@ms7.hinet.net
　　　　　http://www.buddhall.com
門　　市　新北市新店區民權路108-3號10樓
　　　　　門市專線：(02)2219-8189
行銷代理　紅螞蟻圖書有限公司
　　　　　台北市內湖區舊宗路二段121巷19號（紅螞蟻資訊大樓）
　　　　　電話：(02)2795-3656
　　　　　傳真：(02)2795-4100

初　　版　2014年11月
初版二刷　2021年05月
定　　價　新台幣230元
ＩＳＢＮ　978-986-6936-85-2（平裝）

版權所有 · 請勿翻印

國家圖書館出版品預行編目資料

菩提心釋密意 / 龍樹論師造論.談錫永主
編及疏.邵頌雄譯. -- 初版.--
新北市：全佛文化, 2014.11
面；　公分. -（離言叢書；7）
ISBN 978-986-6936-85-2(平裝)

1.藏傳佛教 2.注釋 3.佛教修持
226.962　　　　　103022061

BuddhAll

All is Buddha.

BuddhAll.

BuddhAll